Sociedade fissurada

Marcia Tiburi
Andréa Costa Dias

Sociedade fissurada

1ª edição

CIVILIZAÇÃO BRASILEIRA

Rio de Janeiro
2013

Copyright © Andréa Costa Dias e Marcia Tiburi, 2013

CAPA
Estúdio Insólito

IMAGEM DA CAPA
© Layne Kennedy/Corbis

        CIP-BRASIL. CATALOGAÇÃO NA FONTE
    SINDICATO NACIONAL DOS EDITORES DE LIVROS, RJ

      Tiburi, Marcia, 1970-
T431s   Sociedade fissurada / Márcia Tiburi, Andréa Costa Dias. –
      Rio de Janeiro: Civilização Brasileira, 2013.

      Inclui bibliografia
      ISBN 978-85-200-1174-4

      1. Vícios. 2. Drogas – Abuso – Aspectos sociais. 3. Dependência
      (Psicologia). 4. Filosofia e civilização. I. Dias, Andréa Costa.
      II. Título.

                                                    CDD: 178
      13-1549   CDU: 178

EDITORA AFILIADA

Todos os direitos reservados. Proibida a reprodução, armazenamento ou transmissão de partes deste livro, através de quaisquer meios, sem prévia autorização por escrito.

Este livro foi revisado segundo o novo Acordo Ortográfico da Língua Portuguesa.

Direitos desta tradução adquiridos pela
EDITORA CIVILIZAÇÃO BRASILEIRA
Um selo da
EDITORA JOSÉ OLYMPIO LTDA.
Rua Argentina, 171 – Rio de Janeiro, RJ – 20921-380 – Tel.: 2585-2000

Seja um leitor preferencial Record.
Cadastre-se e receba informações sobre nossos lançamentos e nossas promoções.

Atendimento e venda direta ao leitor:
mdireto@record.com.br ou (21) 2585-2002

Impresso no Brasil
2013

Sumário

Apresentação   7
Marcia Tiburi e Andréa Costa Dias

Parte I
Marcia Tiburi

Fissura — Notas para a fundação de um conceito
   filosófico   13
Vício, moral e falsa consciência   19
Banalidade do vício e moralização como círculo
   vicioso   29
O círculo cínico: maconha, cigarro, álcool   37
Relação e mediação: a droga como "outro"   43
Uma breve conclusão sobre o problema do vício e da
   virtude   51
Droga   55
Ambiguidade da droga   63
Droga como meio e droga como fim   75
Dispositivo das drogas   83
Corpo drogado, corpo fissurado   95
Subserviência pática   109
Uso e consumo de drogas   113

Dizer fissura	125
Uma ontologia da fissura	129
Fissura estética ou "esteticomania"	133
Mania do corpo perfeito ou a correção deturpada da fissura	141
Fissura digital	145
O prato rachado de Fitzgerald	149
Abertura sem saída: ferida	157
Rebaixamento e deturpação do desejo	165
Dizer o que não se deixa dizer	169
Contemplar a fissura: as drogas no cinema	181
Prótese e mutilação existencial	185
Pico	189
O desejo, o vaso	197
Estar não sendo	203
Como conclusão: sobre o sentido	209
Referências	215

Parte II
Andréa Costa Dias

Por que ainda falar sobre as drogas?	225
Notas sobre a toxicomania	241
O que nos aproxima dos fissurados?	251
A droga da vez	271
Sociedade fissurada	297
Referências	301

Apresentação

O que chamamos de "drogas" em nossa sociedade é o lugar de um tabu. Um dos sentidos do tabu, vale lembrar, alude a algo inabordável e que, portanto, supõe uma série de proibições. Não é à toa que os debates em torno da questão das drogas se realizem de modo tão restrito. Proliferam as falas prontas, cheias de ódio ou medo, mas pouco se pensa sobre elas. A reflexão séria, aquela que envolve análise crítica e desmistificação, compreensão histórica e social do fenômeno da toxicomania nas suas diversas modalidades, perde espaço para as "verdades" religiosas, pseudocientíficas ou moralistas que agradam tanto ao senso comum quanto aos donos do poder no âmbito do que costumamos nomear como "drogas".

As drogas são o centro de um poder importantíssimo em nossa cultura. Por isso tantos tentam dar a última palavra sobre elas. Parar para pensar a história e o significado da expressão "drogas" é uma das intenções deste livro. O objetivo é libertar o pensamento da sua própria ignorância e da prepotência geral dos julgamentos morais sobre sujeitos envolvidos com drogas. Promover a reflexão séria que leve em conta o sistema social e os dispositivos de poder que capturam indivíduos, contribuindo para colocá-los a serviço das drogas em processos de comprometimento subjetivos muitas vezes nefastos, é outro dos nossos objetivos.

Sabemos que a leviandade do jargão "contra as drogas", tão presente entre nós nas últimas décadas, manifesta um grande desentendimento. Aquele que impede de falar da questão objetivamente e sem moralismos, levando em conta os prazeres e os sofrimentos nela implicados. Com este livro, pretendemos, portanto, olhar para o tema de frente, com sinceridade e honestidade. Conscientes de que a violação de um tabu não se dá sem que o próprio violador seja ele mesmo transformado em tabu. Em outras palavras, assumimos o risco de, ao procurarmos desmistificar as drogas como objeto-tabu, sermos acusadas de realizar sua apologia. Nada mais previsível. O perigo, se de fato há, vale a pena quando se quer abrir o jogo da caça às bruxas que alimenta o poder.

Com a expressão "sociedade fissurada" quisemos abrir novas janelas para olhar o universo das drogas e também o que entendemos como vícios ou toxicomanias, nos distanciando do trivial, do mero emprego de categorias patológicas estanques. Procuramos abordar e compreender esses fenômenos como legítimos frutos de nosso tempo, como parte constitutiva de nossa sociedade na forma como ela está atualmente organizada.

A discussão sobre o caráter "fissurado" da sociedade, tomado aqui como núcleo capaz de elucidar o estado da questão, remete à necessidade de pensar mais e mais sobre o tema. Tema espinhoso na medida em que convoca a pensar sobre aquilo com o que a sociedade não é muito afeita a se haver: as questões que lhe são próprias, a fissura da qual padece.

A reflexão é o que falta em uma "sociedade fissurada", que é fissurada justamente pela ausência de reflexão. O convite à leitura e ao pensamento crítico está feito, na espera da honestidade também do leitor.

Marcia Tiburi e Andréa Costa Dias

Parte I

Fissura — Notas para a fundação de um conceito filosófico

"Sociedade viciada", "sociedade drogada" ou "sociedade intoxicada" são expressões que de modo algum abarcariam a totalidade da questão que o termo "fissura" vem definir. Assim é que, para seguir pensando sobre as potencialidades do estabelecimento da noção de uma *sociedade fissurada*, devemos expor o sentido e as dimensões dessa adjetivação, que desloca as primeiro mencionadas para um segundo plano, ainda que as mantenha interligadas.

A intenção deste texto é que, por meio da análise dos conceitos, se possa isolar o que seja o mero discurso e o que venha a ser a cuidadosa reflexão, o pensamento propriamente filosófico sobre a nebulosa questão do vício, sua relação com o tema das drogas e o estado atual da experiência corporal e sensível em que o problema da *fissura* — neste momento apenas uma palavra carregada de um sentido prévio indefinido — mostra-se na contradição de sua irrepresentabilidade. É a partir desse irrepresentável da fissura em conflito com as representações das drogas, mostrando-se a nós como um paradoxo em que a "irrepresentabilidade da representação" se põe em cena, que podemos começar a pensá-la. Mas o que isso pode nos dizer? Que o tema das drogas remete aos ditos, aos discursos; que o tema da fissura é, nesses espaços desenhados pela fala pronta, o que não se diz. Penetramos em um reino — o dos preconceitos — no qual as formas do silêncio são sempre eloquentes e no qual um silêncio mais fundo, um silêncio que é efeito do discurso, tem sua razão de ser. Nesse reino, tudo o que se diz corre o risco do moralismo capaz de interromper o entendimento que se torna a cada dia mais urgente. Daí o cuidado que devemos ter para tratar da questão no amplo cenário do que se chama usualmente de "drogas" e a necessidade de investir em uma compreensão crítica.

A perspectiva que pretendo abrir neste momento insere o irrepresentável da fissura no campo da estética, no qual se põem em jogo o universo do corpo, da percepção e da experiência vivida. A partir daí busco a compreensão do elemento biopolítico presente em toda estética a partir da qual podemos entender a relação entre drogas e fissura. Inscrever uma contribuição filosófica no campo da discussão quanto ao tema das "drogas", trazendo esclarecimento contra o mito que se construiu ao seu redor, é a intenção deste texto como parte do fato de a pesquisa em ciências humanas, da história à antropologia, da psicologia à sociologia, já ter alcançado um lugar crítico desejável. O que se pretende com isso é andar junto das ciências humanas por vias interdisciplinares, buscando ir além das posições praticamente técnicas que vinculam medicina e direito, moral e lei. Tendo em vista o estado atual da pesquisa e do debate, o questionamento que cabe colocar diz respeito a uma perspectiva a ser construída desde o problema conceitual e terminológico, estético e político, relativo ao entendimento da fissura, avançando na direção de sua ontologia.

Talvez a empreitada possa parecer absurda para quem pensa a filosofia como algo que se faz com relação ao todo, ao universal. Não busco, no entanto, nenhum conceito generalizante, antes passearei pelos caminhos onde a fissura possa se mostrar como particularidade, como uma mancha, um sinal no campo das representações. Cinema e literatura aparecem aqui como cenários onde a realidade é espelhada. Neles, as drogas aparecem como tema, mas também como metáfora da sociedade. A atenção deste ensaio precisa ater-se às formulações, ou seja, às noções e imagens que apontam para conceituações, a partir das quais deverá surgir um desenho mais geral, como uma espécie de mapa conceitual e imagético do problema. O objetivo é o de sempre quando se trata de *fazer filosofia*: *fazer pensar*. Certamente o enunciado que justifica este livro sobre a "sociedade fissurada" é um enunciado geral que em si mesmo carrega a contradição de uma coesão desde sempre rompida. O que é pensar a ruptura do pensamento desde o próprio pensamento? Eis outro modo de formular a questão. Fissura é, em princípio, um conceito calibrador que nos fará pensar o cerne de ocultas contradições sociais.

É certo que é preciso pensar mais (e falar mais e com mais cuidado) sobre esse tema áspero e angustiante. E que a questão da fissura possa nos apresentar justamente mais do que o sintoma, do que a causa ou do que o efeito, o *modo de ser* do vazio do pensamento característico de nosso tempo. Fissura diremos de tudo o que não é refletido. De todo o automatizado. Refiro-me ao contexto de irreflexividade característico de nossa época, tal como expresso por Hannah Arendt em seu texto *Eichmann em Jerusalém*. A moral negativa das drogas instaurada em diversos discursos em nível global apela para um "não" em cujo fundo está a demonização do que o próprio discurso demonizante estabelece como droga. Desvia, assim, para a moral um problema que antes é gnosiológico e, por que não dizer?, existencial, enquanto só pode ser elucidado em termos sociopolíticos e econômicos.

O apagamento da reflexão sobre a existência de alguém drogado está marcado no discurso. O que se diz das drogas lícitas e ilícitas tem sentido ideológico e se completa no discurso jurídico e científico que sustenta, na linha de um vazio de pensamento interno ao discurso, a banalidade daquilo que se compreende. O moralismo é feito de ideias banais e sustenta ações banais, inclusive ações más em sentido banal. Tal é o caso da demonização da maconha, cuja pesquisa e cujo uso deveriam ser regulamentados mundialmente, o que não será possível sem a quebra do moralismo, força retórica contra a reflexão, contra a compreensão, em favor da ignorância. Fundamento da "banalidade do mal", o discurso moralista não combate a banalidade da droga como o mal, antes o promove no ato mesmo em que aumenta a fissura.

Mas a questão da fissura nos coloca na trama complexa do problema que nos leva bem mais longe do que ao campo estrito dos vícios ou das drogas, embora a análise desses temas e de sua construção no campo do pensamento e da ação humanas sirva de modelo para pensar o caráter mais fundamental da fissura. A questão da fissura nos põe em primeiro lugar diante de um problema ético, enquanto define a tensão entre o "dever" e o "fazer". Como consequência, nos põe diante de um problema político, enquanto define as práticas coletivas em seu tensionamento com as práticas que parecem estritamente pessoais ou meramente subjetivas, e, sobretudo, de um problema estético, enquanto define modos de perceber, de sentir e de se dar da percepção e do desejo em relação a uma sociedade voltada para as "sensações", que vive da *sensation*, como mostrou Christoph Türcke em seu livro *Sociedade excitada*. Esse filósofo alemão contemporâneo, ligado ao universo da Teoria Crítica, buscou em sua elaboração justamente levantar a questão da sociedade da sensação, que, segundo ele, seria a formulação mais crítica do caráter de excitação que estava na base da *Sociedade do espetáculo* da teoria de Guy Debord surgida em 1967. Sua intenção era compreender a excitação vivida pelos indivíduos em uma espécie de mundo drogado em que a escravização da percepção num contexto "fisioteológico" não permitiria mais a salvação dos indivíduos. Minha intenção com o desvendamento da "fissura" é dar um passo na discussão sobre a questão estética (levando em conta sua face ética e política) em uma sociedade comandada pelo que Theodor Adorno e Max Horkheimer chamaram de Indústria Cultural há mais de 60 anos. O passo a que me refiro deseja se dar em conjunto com a questão do espetáculo e da percepção, mas tentando aprofundar a questão do conceito de fissura e do modo como ele se revela numa reflexão sobre a particularidade de cada indivíduo, considerando que essa particularidade é tangível apenas no âmbito de uma intenção que a supõe.

Um projeto filosófico se delineia como experiência crítica do pensamento desde que se tenha consciência de que ele faz parte da sociedade que se esforça por eliminá-lo. O pensamento crítico já é a demonstração de uma fissura em relação a um pensamento não crítico ou ao entendimento tácito e preconceituoso que convencionamos chamar de "senso comum". Na contramão, a crítica seria a chance de uma "filosofia em comum" como abertura do pensamento que pretende ir além do estabelecido a que podemos chamar tanto de discurso quanto de ideologia e que se resume, no caso das drogas, no que podemos designar como consciência falsa. Tudo o que se diz sobre as drogas sem distanciamento crítico cai no espaço da falsa consciência, que combina tão bem com o moralismo.

A única chance de colar a fissura prévia entre o pensamento e seu objeto está na reflexão que não teme as consequências de seu gesto. Para além do objeto, a filosofia deve ser o esforço de libertar a fala da própria "coisa" para além da objetividade à qual ela se submete no âmbito da falsa consciência. A desmontagem da falsa consciência sobre um tema como esse depende, neste momento, da produção de uma contraconsciência, à qual devemos chamar, mesmo que provisoriamente, de filosofia.

Vício, moral e falsa consciência

Comecemos com a análise da palavra "vício" na intenção de uma crítica imanente ao seu uso e sentido. A palavra vício é uma dessas palavras que servem como talismã mágico da falsa consciência. Pronunciá-la simplesmente vale, para muitos, como uma emissão da verdade. A palavra vício expõe sua verdade suposta na forma de uma ostentação. Como a valer como verdade apenas porque é dita e repetida.

A intenção dessa análise pode parecer, em certo momento, a de descartar a palavra na direção de escapar do seu uso meramente discursivo e, por isso mesmo, falso. É preciso dizer de antemão que não é o caso. Quero, ao contrário, mostrar como o vício está inscrito no campo maior e mais complexo do "círculo vicioso". Ao mesmo tempo em que o uso da palavra vício é precário. Desejo, assim, mostrar as vicissitudes do conceito vulgar de vício para reconstruir um sentido mais amplo que nos faça ver seus limites e a oportunidade de seu significado mais bem compreendido no âmbito de uma zona cinzenta, daquilo que podemos compreender como um movimento de pertença — mesmo quando estamos dela excluídos — a uma situação geral compreensível nos termos do que chamaremos de *sociedade fissurada*. Sociedade fissurada, podemos sinalizar desde já, é a sociedade em que estamos todos incluídos, enquanto estamos, ao mesmo tempo e nela mesma, todos descartados, sumariamente e *a priori*, naquilo que seria direito à intimidade, à promessa de uma subjetividade autoconstitutiva da experiência humana e de uma ideia correspondente de liberdade. Pressuponho aqui que essas questões, tão maltratadas no cenário de uma sociedade em fase de autoaniquilação enquanto sociedade, ainda importam a quem leia este texto. Se podemos dizer que somos viciados em algo — e que somos, de algum modo, *todos* viciados —, é a partir dessa ligação com o todo por meio de cuja fissura somos dele escoados, é porque se trata de entender em que sentido, participando de uma sociedade que se coloca e nos coloca na relação com o todo, não nos constituímos como seres sociais. Nem somos preservados na subjetividade que possibilitaria a constituição de laços sociais com esse suposto todo ao qual nos ligamos como seres particulares. Estamos na sociedade sem nos constituirmos como seres sociais. Somos nela excluídos/incluídos. Falamos em fissura para dizer da condição de estranhamento, de desligamento, da antirrelação que constitui nossa experiência social atual e do desatar constante dos laços que definem a sociedade em seu estado atual. Deixemos essa questão em aberto e analisemos seu fundo, para depois passarmos à análise da falsidade desse fundo.

Em seu amplo sentido moral, vício era o que antigamente se dizia oposto à virtude. De um modo geral, podemos dizer que nas teorias éticas da antiguidade a virtude era o bem, e o maior objetivo de todas as virtudes era a Felicidade (ou o que em grego se escrevia como *Eudaimonia*). Se em Platão e em toda a tradição grega a maior virtude era a sabedoria, era porque ela conduzia à felicidade. Saber agir, pensava-se, levava a bem agir. Oposto à maior das virtudes estava o pior dos vícios, que era a ignorância. Aristóteles, que escreveu sobre a relação entre virtude e vício em sua *Ética a Nicômaco*, livro que está na base inaugurante da reflexão filosófica sobre a ação humana, tratou o vício como desmedida, como desvio da virtude fundamental, que era a justa medida da ação que evitava extremos. Sem pretender qualquer exegese da obra aristotélica ou de outros filósofos antigos, podemos apenas levar em conta que virtude e vício não eram conceitos estáticos aplicáveis simplesmente a coisas boas ou más. E que podemos reter dessa época a mobilidade que marca a relação entre medida e desmedida. Uma mobilidade que não pode ser perdida hoje, quando tentamos entender algo tão complexo quanto um "vício".

Essa oposição desenvolveu toda uma linhagem de discussão na história da ética como teoria da ação humana. No entanto, para além da tentativa de entendimento que a caracterizou da antiguidade à modernidade, veremos que a oposição virtude x vício caiu no campo do senso comum, sendo devorada pelo preconceito. Hoje a questão da virtude está reduzida ao discurso do que vem sendo chamado de "politicamente correto", o que explica o espaço restrito e vulgar que ocupa em nosso tempo. Para além da ética, que poderia ser a investigação sobre a ação em um sentido crítico, o problema reduziu-se à moral não como um modo de agir razoável diante de valores, hábitos e costumes de uma época e em contextos de convivência, mas como sua degeneração moralista. Daí a importância de ver os limites de tais termos relativamente ao que se pode dizer na busca da configuração da ideia de uma *sociedade fissurada*. Importante, nesse caso, dizer também que não pretendo aqui simplesmente opor moral e ética apenas para descartar a moral, dando espaço a uma sempre arriscada crítica abstrata relativa às ações e aos modos de viver, mas mostrar que a redução do vício ao campo da moral não nos permite perceber os alcances e limites da própria questão do mesmo modo como quando a colocamos na perspectiva de um enfrentamento reflexivo infinitamente mais rico. A moral implica um conjunto de verdades marcadas por afetos e razões inquestionados. Digamos que ética seja o necessário questionamento da moral. Assim, se a moral tacha de "vício" um determinado comportamento, a ética questiona o sentido do comportamento, mas também de sua classificação enquanto tal

Diante disso, podemos seguir dizendo que se partimos de um ponto de vista meramente moral, ou seja, anterior ao seu questionamento, ainda hoje diremos de muitas coisas que são vícios por serem ruins ou más, justamente porque prejudicam certo ideal da felicidade que está na

SOCIEDADE FISSURADA

base da autocompreensão da sociedade como um lugar onde a promessa de felicidade é colocada em cena de muitos modos, inclusive por um projeto ético. Aqui, contudo, teríamos de parar uma discussão que nem bem começa, porque o conceito de felicidade torna-se facilmente tão impreciso quanto o do vício, que, no extremo oposto, é constantemente percebido como a forma da vida voltada para a infelicidade. É claro que, de um ponto de vista meramente moral, podemos sempre falar que seres humanos vivem a vida a partir de uma noção de "projeto de vida", no qual está implicado desde um modo de ser estabelecido até um desejo de ser enquanto realização de potências próprias da vida de cada um. Digamos que felicidade, esse termo igualmente maltratado em nossa época, seria o encontro entre *o que se é* e *o que se pode ser* em um contexto de liberdade individual e direitos assegurados. O que, por si só, torna tudo mais complicado, posto que esse contexto não existe. Nesse sentido, se queremos ainda pensar a felicidade, temos de dizer que ela é também móvel e, podemos dizer, até mesmo plástica, que ela se modifica conforme as circunstâncias. A felicidade é apenas uma felicidade limitada e que se estabelece dentro do possível.

A definição filosófica mais básica de felicidade como uma forma de vida justa, com direitos assegurados e deveres realizados, não é suficiente para nos fazer avançar na questão. Ela serviria para expor a noção de uma *sociedade viciada*, nesse caso a melhor expressão para definir a sociedade que abandonou o sentido de uma felicidade filosófica e se lançou na ilusão de que as coisas más — as que enganam, produzem ignorância e escravidão — seriam, na verdade, boas. Por trás dessa ideia está em jogo a medida da separação entre bom e mau. O problema é que seguindo por essa via é fácil incorrer no erro da moralização do qual quero escapar, pois ela pressupõe um modelo de sociedade previamente estabelecido em que bom e mau, "vida justa", direitos e deveres devem ser precisos legal e simbolicamente falando, mas nem por isso garantem a relação entre o indivíduo, seu desejo e o problema do meio histórico e social onde ele se situa. O que pode ser hoje em dia óbvio, o fato de que o considerado "bom" para todo mundo pode não o ser para um indivíduo que deseje ou se expresse de modo diferente, precisa ser posto em cena. Para além da moral, aquilo que em sua lógica é erro em relação ao estabelecido pode constituir o outro lado da moeda: o que se apresenta como uma espécie de modo de ser e compreender o mundo próprio de uma pessoa. Em termos éticos, esse modo de ser pressupõe autorreflexão sobre a própria ação, levando em conta o princípio do respeito à dignidade e à integridade dos outros indivíduos humanos com quem se estabelece convivência. Em geral, quem reivindica esse lugar o faz porque tem sua dignidade ameaçada.

Ao mesmo tempo que pondero esses aspectos, não quero postular com isso uma espécie de novo imoralismo como único alcance para uma ética que facilmente pode cair no argumento de um simples individualismo. A propósito, o postulado de uma ética individualista é potencialmente contraditório, pois qualquer ética pressupõe uma relação com o outro com base em um reconhecimento mútuo. É essa mutualidade que impede a desmedida valorativa que fortalece um polo contra o outro no contexto de uma relação. Nesse sentido, lutar pelo estabelecimento de uma ética significa lutar pelo lugar do outro no contexto das relações que, infelizmente, o vêm eliminando. Quando me refiro a outro, penso no "próximo" da teoria de Freud, aquele que em sua diferença me aparece como hostil. É verdade que o imoralismo seria uma alternativa até justa em termos de crítica da moral; ele poderia mostrar sua validade ética como defesa do indivíduo e desmontagem da moral autoritária, como um dia já foi sustentado em filosofias como a de Friedrich Nietzsche. Mas o imoralismo não conservaria o sentido de uma desmontagem da consciência falsa, que é o que interessa sustentar. Ele mesmo poderia ser essa consciência falsa. Se a medida da moral é a norma e a validade da norma não garante a validade dos comportamentos individuais, que podem sempre ser falsos em relação à aceitação da norma como o modo de ser de certas pessoas, que implica a valorização das particularidades e singularidades, toda a nossa discussão deve ir além dos óculos da norma com que nos acostumamos a olhar o mundo. Ir além da norma é ir além da falsa consciência que sustenta a norma.

Assim, se defendemos a virtude de um ponto de vista ético e usamos o vício para descrever o que se lhe opõe, e mesmo tentando entender a origem do vício, sua estrutura, seu modo de ser, mesmo assim não conseguiremos sustentar sua validade quando se trata de entender o indivíduo humano, que, por qualquer motivo, ou mesmo sem motivos, dela escapa. Os limites da moral ficam claros justamente na exposição dos limites das normas nos quais os indivíduos não se encaixam com facilidade. Se a entrada na norma exige um esforço subjetivo devido a uma imposição objetiva, é porque desde sempre a desmedida é uma espécie de "natureza" a ser controlada. O vício, nesse caso, seria o nosso modo de ser mais elementar, por assim dizer, "natural". E se continuamos falando em vício como uma desnatureza, é porque há muito somos hábeis em inverter as coisas.

Não que o ponto de vista moral seja de se jogar totalmente fora, afinal somos animais morais, mais do que éticos, vivemos na moral, obedecendo e desobedecendo a sua normatização, que é sempre normalização. E éticos somos quando nos questionamos sobre a moral na qual estamos inseridos até a medula. Não que a moral não resolva em nada a vida das pessoas, ao contrário, a moral é — como o julgam vários filósofos — uma saída muitas vezes digna para os problemas no campo das básicas relações humanas. Ela define limites que, para o bem e para o mal, impedem a autodestruição de uma pessoa ou de uma sociedade inteira. É justamente a moral que parece sustentar a espécie, na medida em que é voltada para a autoconservação. E podemos dizer que moralmente a autoconservação da espécie é algo que interessa a muitos. Mas é a moral também, justamente enquanto falsa consciência, que garante a aceitação maciça e dócil da norma em nome de algo "maior" do que o desejo individual. Vejamos um exemplo: digamos que o suicídio possa ser *eticamente* sustentável porque fruto de um valor, como a integridade pessoal, que é destituído no momento de um extremo sofrimento insuperável pelo sujeito que o sente, e que não houvesse nada que pudesse destituir seu sentido porque justamente o valor da vida já não estaria em cena diante do sofrimento vivido pelo suicidante, mas que seja *moralmente* condenável na medida em que não faria bem a um contexto social, por mais que a solução fosse benéfica para o indivíduo. A moral, nesse caso, relaciona-se à ética, sendo a parte impensada ou irrefletida contra a qual a ética seria o pensamento reflexivo. Em outros termos, a perspectiva da ética seria sempre contramoral. O que é contra a moral não é, portanto, o melhor para o todo. O melhor para o todo pode não ser o ético. No caso das drogas, o que temos até hoje não é uma ética, nem simplesmente uma moral, ao contrário, é uma forma de ser da moral em que a ética não tem a chance de entrar. Por isso a moral petrifica-se em moralismo. Pensar eticamente a questão das drogas é a tarefa urgente no contexto do moralismo ditatorial que tem validade como falsa consciência, a ideia de uma verdade aceita por todos e que vige apenas porque repetida sustentando as coisas como elas são.

Quero, com isso, apenas mostrar que a abordagem moral tem limites que não permitem defendê-la no que concerne ao uso tranquilo da palavra vício. E que a ideia de uma *sociedade fissurada*, como quero construir em conjunto com Andréa Costa Dias, que trouxe à luz o termo quando procurávamos um título para nossa investigação, deve ir além disso, mostrando justamente que a intranquilidade do sentido do termo e do conceito de "vício" entre nós tem algo mais a nos ensinar.

Banalidade do vício e moralização como círculo vicioso

Sigamos em frente, tendo em vista que tudo o que foi dito pode ser sempre novamente debatido, sobretudo quando se vê que a questão do vício implica a da virtude, numa dicotomia entre bem e mal que, posta de antemão, enrijece qualquer discussão. Meu objetivo é chegar ao conceito de fissura preservando apenas aquilo que precisa estar presente. Assim, contra a ideia fácil de uma universalidade do vício, quando então diríamos que todos somos viciados em alguma coisa, o que imploderia a noção de vício, pretendo uma investigação mais cuidadosa. Compreender a questão do vício e do seu oposto, sempre suposto, que é a virtude, é obrigatório para evitar certo ideário que vem se mostrando em textos filosóficos e psicanalíticos que defendem uma espécie de generalidade do vício e que caem facilmente no que chamarei aqui de banalidade do vício.

Quero mostrar que a noção de vício é precária, mas não porque sua universalização ou banalização elimine seu oposto dialético, que é a virtude, o que explicaria rapidamente o sentido de uma sociedade viciada. Essa ideia pode ser instigante devido ao seu poder explicativo, mas não me parece totalmente verdadeira. A meu ver, é justamente a oposição Vício x Virtude que, no fundo, não nos diz muita coisa, embora esteja na base de tudo o que chamamos de vício, sem que usemos a virtude como seu necessário polo oposto, como "norte" alternativo, se não sob a forma de um "politicamente correto" que é a versão mais curiosa do "moralismo". Gostaria de mostrar que mesmo que vício pareça ter se tornado banal, como aquilo que todos os indivíduos praticam consciente ou inconscientemente sem grande preocupação ou de modo negligente, que essa simples constatação não elimina a necessidade de entender as diferenças no sistema de controle em que o vício compreendido como universal ou como banal — e a virtude abandonada, esquecida ou humilhada na forma de um moralismo — está inscrito.

Alguns dos vícios conhecidos podem ajudar a entender a construção do nosso argumento quanto à impossibilidade de sustentar a universalidade do vício, justamente porque a compreensão do vício marcada por um princípio moral rígido é muito precária. E é justamente por isso que não pode ser simplesmente apagada por uma mágica teórica que foge aos elementos de um discurso prévio a ser sempre enfrentado criticamente. Em palavras breves: defender a universalidade do vício depende da postura da prévia moralização universal que é preciso desmontar para poder continuar a pensá-lo. Do mesmo modo, o uso da palavra vício para indicar o caso particular de uma pessoa viciada é duplamente inútil: de um lado, apenas se indica, por meio da metáfora, a classificação moral, que migrou para o universo médico, intensificando sua validade no campo do senso comum em tempos de culto à ciência no âmbito do poder de legitimar "verdades"; de outro, e por isso mesmo, por meio dela não se vai ao cerne da questão, nem ao motivo, nem à fonte, muito menos ao caráter complexo do uso de drogas químicas ou estéticas ou de outros elementos de estimulação sensorial em uma sociedade controlada justamente por meio do estímulo estético dos corpos. Direi, a propósito, de uma vez, que se trata de um controle "biopolítico", lembrando o livro *História da sexualidade*, de Michel Foucault, no qual a expressão biopoder é cunhada. "Fissurada" é, pois, a sociedade cuja dominação biopolítica é primeiramente estética. Sendo apenas a partir daí que o lastro moral ou ético é estabelecido. É justamente a fissura, para a qual nos encaminhamos lentamente, que nos permitirá pensar o vício no contexto do círculo vicioso sem que venhamos a reduzi-lo ao moralismo e à falsa consciência. Dizer de alguém em particular que seja viciado é simplesmente julgá-lo moralmente, sem que importe se é um leigo, um médico, um psicólogo ou ele mesmo que assim se defina como tal.

    Concentremo-nos primeiramente no vício, no uso contemporâneo do termo concernente aos exemplos do cigarro e das bebidas alcoólicas, nossos velhos conhecidos. Dizemos desses usos que são vícios. Enquanto tais, são assegurados pelo governo enquanto substâncias legalizadas e regulamentadas. Ninguém poderá, no entanto, dizer que é o governo que, ao regulamentar o álcool ou o cigarro (cuja venda em nosso Brasil é proibida para menores), incita as pessoas a usá-los. Nem o contrário. Ao mesmo tempo, é o campo da lei que permite a propaganda. Por sua vez, ninguém poderá dizer que a propaganda permitida evita que as pessoas usem algo que poderá lhes ser nocivo, antes se dirá, no campo autoritário do senso comum, que é o contrário. Certo é que a propaganda incita ao uso. E que o uso incitado pode levar à configuração de um contexto de obrigação do próprio uso como novo *ethos*, quando o comportamento se define na combinação entre ação e aparência estética. Em outras palavras: a clandestinidade, o proibido pode virar moda ou até mesmo parte do *habitus*, se quisermos aqui inserir um termo de Pierre Bordieu. Mas dizendo isso, embora sinalizemos para uma circularidade que nos interessa, ainda não chegamos ao eixo da questão do círculo vicioso oculto na banalidade do vício.

O Estado permite a propaganda. Desse modo, toda propaganda opera na divisão moral entre bem e mal, atuando em nome do mal, logo do lado do vício. Podemos dizer que o governo se esconde atrás da propaganda. E que o mecanismo de controle social em que o obrigatório e o proibido se coafirmam, tal como percebeu Foucault ao estudar as populações,[1] está plenamente contemplado nesse contexto. O que temos aí é o funcionamento do sistema legal em uma sociedade de controle que depende do uso da ideia do vício para afirmar-se. E então é necessário

---
[1] Michel Foucault, *Segurança, território, população*, p. 60.

continuar percebendo a circularidade do sistema até ver que nenhum controle funciona sem uma moral, digamos que sem uma introjeção das regras do sistema como se fossem verdades particulares a serem confirmadas por cada sujeito. A propaganda é que sustenta a universalidade do vício e daí a possível "banalidade do vício" como a própria banalidade do mal, para colocar em cena de uma vez a expressão de Hannah Arendt, que de modo evidente me inspira aqui.

Poderíamos, nesse caso, também perguntar se a propaganda é a velha moral, ou uma nova moral, ou se depende de algum modo de uma outra moral. Sendo uma moral, ou algo que se sustenta em uma moral, outra pergunta se impõe: não seria a própria propaganda, tanto quanto qualquer moral, em si mesma viciada? Não seria, então, a análise da propaganda o que nos permitiria entender o funcionamento do vício no sentido da sua circularidade? Ao mesmo tempo, poderíamos pensar uma sociedade sem propaganda? Ou uma sociedade sem vício? Seria a propaganda o que há de "mais banal" em uma sociedade fissurada? Seria a propaganda do vício o que sustenta o vício? Ela seria a administração do banal pela própria banalização? Sempre é possível imaginar uma vida diferente, mas por enquanto a sociedade na qual vivemos é a única disponível e nela a validade do sonho não é a da utopia social, antes é a dos prazeres imediatos que a propaganda cria e recria como se não houvesse mal algum nisso, enquanto ao mesmo tempo é ela que instaura o mal e ao mesmo tempo cria o moralismo, que articula o véu que oculta o mal. A promessa da propaganda parece, nesse caso, ser a mesma das drogas. Por que as drogas seriam ruins enquanto a propaganda (inclusive a propaganda contra as drogas) seria boa? O que quero sustentar com isso é que só podemos pensar a questão do vício a partir de um ponto de vista da história do seu conceito ligado à história da moral e que, por fim, essa história é o ambiente temporal, espacial e social — onde se constroem a compreensão e os discursos sobre as coisas que vêm a constituir as próprias coisas — no qual se estabelece a teoria e a prática do que ainda podemos chamar de vício. A propaganda contemporânea faz parte disso tudo, definindo uma espécie de racionalidade constitutiva da moderna sociedade de massas na qual surge a questão do vício em escala social. Ao mesmo tempo, não podemos sustentar a totalidade do vício que criaria a sua regra como verdade apenas porque é repetida. O sentido de uma universalidade, tanto quanto de uma banalidade, do vício se faria ver enquanto universalidade ou banalidade da própria publicidade que toma o lugar da cultura como um todo. Mas a vida não é só publicidade, nem só banalidade. E drogas não são só uma questão de vício.

Correndo o risco de me repetir, devo dizer que é preciso perceber que ao dizer vício já falamos do ponto de vista de um discurso que, como tal, não é isento dos pré-conceitos da sociedade onde ele surge. Ao mesmo tempo, repito, não podemos jogar fora esse discurso, pois ele é o arranjo da linguagem onde nos situamos e que, ao mesmo tempo, precisamos combater criticamente. A questão da publicidade não nos deixa em ponto algum. O termo vício não escapa ao discurso. Ele só teria seu sentido renovado se pensássemos na publicidade como modo de ser social atual, cuja característica fundamental é o vício no sentido de uma vivência com base na dependência sensorial, corporal e intelectual — de um ser como um todo — de substâncias tanto estéticas quanto conceituais. O vício seria muito mais amplo. Ele dependeria de uma propaganda do vício que atingiria os sentidos humanos e se constituiria em discurso.

Se a propaganda é o próprio discurso do sistema enquanto é o sistema do discurso e, como tal, a nova moral, não seria a moral ela mesma o cinismo em que se defende o vício como hábito programado enquanto, ao mesmo tempo, se o combate? Hábito a partir do qual se pode obter o lucro visado em última instância pelo sistema mais profundo que depende da propaganda? Nesse caso, se a propaganda é uma das causas sérias do vício dos indivíduos enquanto ela mesma funciona como vício social — contribuindo para a eliminação do campo do "político" —, não se teria que eliminar a propaganda socialmente para que o vício — geral ou particular — desaparecesse? O único sentido da universalidade do vício me parece ser o que encontramos nesse momento como "círculo vicioso entre propaganda e vício". Sendo que o vício particular dependeria do vício universal-banal aceito por todos que é a propaganda, que é sempre propaganda do vício.

A propaganda é sempre propaganda do vício. Ela é o grande negócio e a alma dos negócios em geral. Enquanto estivermos no capitalismo continuaremos com ela, seja ela a nova moral, seja ela — e até por decorrência — o novo cinismo. A propaganda não é só a imposição da mercadoria, mas a imposição de qualquer coisa como mercadoria. Nesse caso, é bom ter em vista que até mesmo a moral torna-se mercadoria. Isso é o que significa moralismo. A analogia entre moral e vício não é gratuita aqui. Ela faz lembrar o uso que Nietzsche faz do termo "moralina", a droga usada pelo moralista que condena em seu discurso tudo o que é contra a moral. É o caso do drogado que condena a própria droga. O que o psicanalista Ricardo Goldenberg chamou de círculo cínico[2] configura justamente esse tipo de discurso de enganação retroalimentada, de contradição performativa sustentada com todo o vigor no falar mal da droga enquanto se escamoteia o seu uso. A droga é, nesse caso, a moral e a moral é a droga, assim como podemos dizer que a grande droga realmente viciada e viciante é a propaganda, enquanto a propaganda é a droga.

---

[2] Ricardo Goldenberg, *No círculo cínico ou Caro Lacan, por que negar a psicanálise aos canalhas?*

O círculo cínico: maconha, cigarro, álcool

O discurso da moral, que é sempre o do preconceito — ou seja, do conceito que se autoconserva intacto diante do que se lhe coloca como objeto —, coloca em nosso tempo a maconha na contramão do cigarro e do álcool, como o exemplo típico da substância que é vítima de moralização. Ou seja, é vítima do discurso viciado que inventa o vício e o publiciza como o mal. É em relação a ela que esbravejam a consciência falsa e a propaganda. Prova disso é que a criminalização da maconha dependeu sempre de uma grande propaganda. Essa propaganda instauradora de um discurso tem história. Ela acontece com o fim da Lei Seca americana no começo dos anos 1930 como que para contrabalançar a perda da vilania do álcool, que dava um sustento moral à ideologia governamental e ao poder do Estado americano. Em alguns países, inclusive o próprio EUA, seu uso já é regulamentado, o que vem mostrar que apesar do preconceito criado para ser mundialmente maciço, a lei tem uma considerável fragilidade diante dos hábitos humanos. Mesmo que a questão toda ainda esteja inserida no campo do obrigatório e do proibido, no qual o "permitido" permite um balanço geral.

Há, de fato, um "uso não problemático de drogas", como vemos nos argumentos de Marcelo Mayora, por exemplo,[3] que é realizado tanto à revelia dos controles quanto em comum acordo com eles, o que mostra que a questão das drogas, apesar da propaganda moral e da moral propagandeada, e da tentativa de blindagem jurídica e penal, atravessa o próprio sentido da lei, fragilizando-a.

A esse propósito, recomendo justamente a leitura do livro antiproibicionista, que defende uma separação total entre sistema penal e controle das drogas, do autor acima citado, que vê como resultado do proibicionismo a desinformação e, ao mesmo tempo, a glamorização das drogas.[4] Recomendo também o livro de Denis Russo Buirgerman *O fim da guerra, a maconha e a criação de um sistema para lidar com as drogas*. O documentário *Quebrando o tabu*, dirigido por Fernando Grostein Andrade (2011), também é um material valioso no caminho para uma mudança de postura em relação ao caso específico da maconha.

A moralização que recai sobre a maconha não vale para o cigarro e o álcool, que, regulamentados, não são meramente permitidos pelos governos, enquanto ao mesmo tempo não são proibidos. Se sua venda é proibida

---

[3] Marcelo Mayora Alves, *Entre a cultura do controle e o controle cultural: um estudo sobre as práticas tóxicas na cidade de Porto Alegre*, p. 13.
[4] Ibidem, p. 214.

para menores de idade, a moral do vendedor tem de estar de acordo com o cumprimento da lei, o que mostra que o poder da lei vai até onde ela consegue aliança com a moral. Os cartazes em estabelecimentos comerciais que informam sobre a lei mostram a participação da propaganda na mediação do mecanismo que liga lei e moral. A propaganda sustenta a moral e a lei e isso enquanto faz o jogo ambíguo: se afirma que beber ou fumar é proibido, divulga também, por meio das suas peças para vender álcool e cigarros, que é, embora proibido, permitido. Não é a escolha pessoal como um gesto de liberdade o que surge desse jogo. Isso não a torna neutra, antes a torna cínica. A questão das bebidas também nos faz pensar em outros aspectos. Há bebidas que valem em certos países e não são permitidas em outros. Ao mesmo tempo em que vive de elogios publicitários ou escárnios religiosos, a bebida alcoólica pode ser vista como uma coisa boa — como entretenimento em certos contextos ou como tratamento de saúde, como é o caso do vinho tinto, que, é bom lembrar, é bebida alcoólica. Dizer que uma coisa é boa ou má depende, por sua vez, de um julgamento moral. Todo julgamento moral é mais ou menos flexível ou rígido conforme circunstâncias sociais, políticas, econômicas e, não esqueçamos de dizer, publicitárias. A séria questão do álcool pode estar também para além de bem e mal, como mostra Daniel Lins em seu livro *O último copo* (2013).

Fato é que o uso de drogas deveria ser pensado a partir da experiência social, política, econômica, religiosa e pessoal que se tem com elas em cada caso específico. As drogas precisam ser vistas como questão cultural por um lado e, na sequência, devo insistir, como questão publicitária no quão estimulados somos a nos vincular àquilo que se nos apresenta. E é verdade também que olhar para casos específicos não faz parte do paradigma da identidade que está na base da ciência moderna, da religião ou do Estado, que instauram discursos e com eles as verdades sobre o que sejam vícios, drogas, alimentos ou que quer que seja, no âmbito do controle do que se pode usar ou não por parte de populações. Nesse contexto é que é preciso ver que o vício é uma questão bem diferente do uso de substâncias e que as próprias substâncias sofrem da moralização, em si mesma sempre viciada. Trata-se antes de pensar na questão do modo de ser do uso, que é sempre organizado segundo o que um psicanalista como Charles Melman chamou de "distribuição social do gozo",[5] que envolve pensar a divisão de classes sociais e culturais — qual droga é consumida em que contexto sociocultural, por ricos ou pobres — e também de gênero, exigindo hoje nossa meditação cuidadosa.

Por meio dos exemplos simples antes citados, veremos que o que está em jogo no vício não é simplesmente o objeto do vício, tampouco a livre vontade do indivíduo, sobre cuja "liberdade" em relação ao que, não sendo ele mesmo, o influencia e forma. E que é sempre questionável. Antes o vício se constitui numa determinada "relação" entre indivíduo e sociedade, uma relação, em nosso caso brasileiro, radicalmente cínica, em cujo fundo está outra relação sempre ocultada, aquela que se tem com o dis-

---

[5]Charles Melman, *Alcoolismo, delinquência, toxicomania*, p. 20.

curso sobre o vício ou a droga. Neste ponto é que surge um conceito um pouco mais consistente de vício, mas que ainda depende do mistério da moral: pois que vício é algo tão ligado à moral que para defini-lo precisamos usar o conceito moralíssimo de hábito. Se podemos dizer que o vício é caracterizado pelo ato repetitivo e compulsivo no uso de objetos, como, por exemplo, o cigarro ou a bebida, é apenas porque um hábito, um costume, um uso, se torna repetitivo. Vício é repetibilidade, mas não há repetibilidade sem hábito, costume ou uso em contextos culturais específicos. Eis que moral vem de *mores*, que significa conjunto de costumes ou hábitos. É na própria moral, em sua própria etimologia, que a oportunidade do vício está declarada no círculo vicioso da moral do vício ou do vício da moral.

Relação e mediação: a droga como "outro"

Aqui, sou obrigada a uma reflexão ainda elementar, mas necessária. Usando outros exemplos de objetos dados muitas vezes como viciantes, não se pode dizer, por exemplo, que seja o sexo ou o ato de comprar que vicia, mas que há um modo de comportamento em relação ao sexo, ou às compras, que pode ser considerado "viciado". Não se diz de alguém que fuma e bebe algumas vezes que seja viciado. Nem de alguém que faz sexo, mesmo que seja todos os dias, ou que simplesmente faz compras no mercado diariamente, que seja um viciado. Ou de alguém que usou morfina quando foi ao hospital morrendo de enxaqueca, que seja um "viciado". O vício é sempre repetição, mas a repetição, por si só, não configura o vício. De modo algum pelo uso esporádico.

Tampouco se pode definir vício pela decisão. Seja de fumar, beber, comprar, fazer sexo ou usar uma droga qualquer. O que está em jogo no vício é sempre a relação entre quem usa e o que é usado. Relação, por sua vez, é uma categoria, um conceito, que estabelece a ligação, o meio do caminho, entre o indivíduo e a coisa mesma. Daí que seja comum pensar que interrompendo um dos polos, tirando o objeto ou demovendo o sujeito, elimina-se o vício, mas isso só acontece porque é eliminada a potência de uma relação. É a relação que define o campo de forças que nos ajuda a entender a dinâmica do vício, permitindo sua ultrapassagem. Mas de que relação se trata no vício? Aquela que se estabelece entre um sujeito e um objeto confundindo os lugares de um e outro no processo de aniquilação do sujeito. Podemos, nesse caso, adiantar que o vício de alguém em algum objeto é, na verdade, uma relação viciada ao nível de um círculo vicioso entre sujeito e objeto. Em outras palavras, devemos retomar a todo momento a ideia de que o vício não existe senão como efeito de um círculo vicioso.

A relação entre sujeito e objeto nunca é simples. Sujeito e objeto são mediados um pelo outro e podem confundir-se. Theodor Adorno comenta, em um texto chamado *Sujeito e objeto*, que "o sujeito devora o objeto, ao esquecer o quanto ele mesmo é objeto".[6] Está em vigência, nesse caso, um jogo de fraqueza e força, uma dialética entre as forças objetivas e subjetivas que sustentam aquilo que podemos chamar de sistema sujeito-objeto enquanto são garantidas por ele. O erro da interpretação, comum quando se trata do tema das drogas, é imaginar que o que estamos chamando aqui de "sujeito", a pessoa concreta,

---
[6]Theodor Adorno, *Sujeito e objeto*, p. 183.

o indivíduo, seja a figura de uma liberdade irrestrita que cuida de sua escolha. O que chamamos de sujeito também sofre da objetividade do discurso de outros "sujeitos" que não percebem o quanto eles mesmos são objetos. Na tentativa de manter a aparência de subjetividade necessária à manutenção do discurso, no ato mesmo em que um sujeito é aniquilado, fala-se em vício para concentrar no sujeito a questão, mesmo quando ele não está mais presente, deixando de lado os efeitos de dessubjetivação que, bem compreendidos, nos levam a uma crítica do vício e sua formulação mais bem elaborada no sentido do círculo vicioso.

Por isso, mesmo não se podendo dizer de alguém que fuma um cigarro de maconha em seus fins de semana (ou como as pessoas que na Califórnia a usam com receita médica) que essa pessoa seja tecnicamente "viciada", ela poderá ser vista moralmente como uma pessoa viciada. Mesmo que seja apenas um usuário recreativo. A expressão "maconheiro" é marcada pelo preconceito do vício. O conceito de vício em seu uso habitual é apenas expressão do preconceito. O estigma que fortalece o círculo cínico no qual ele surge. E o sistema do preconceito é parte do mecanismo de controle no grande dispositivo de segurança de nossa sociedade. Tal dispositivo implica um dispositivo da droga, como veremos adiante, enquanto um é mediado pelo outro.

Daí que possamos mais adiante passar da questão do vício à do sistema das drogas que as separa entre lícitas e ilícitas, no contexto do obrigatório e do proibido, e que, melhorando sua compreensão, poderia ajudar a vida das pessoas em relação a essa atividade humana que, como a religião ou o consumo (independentemente de gostarmos deles ou não), é também um hábito cultural. Nesse caso, apenas para não deixar os exemplos perdidos na comparação, há que se perguntar: seria o que chamamos de fanatismo religioso e de consumismo equivalente ao que chamamos aqui de vício? Nesse caso, teríamos de acabar com a religião ou com o consumo, seguindo o exemplo da antipolítica e moralizante "Guerra às drogas", para acabar com fanatismo e consumismo? Aquilo que chamo aqui de relação, contudo, não concerne a uma possível liberdade individual, a uma escolha particular, mas justamente aos atravessamentos sociais, que incluem a moral, no contexto da vida de cada um, sendo que "cada um" já é uma abstração que implica a pressuposição de um geral — levando em conta que o homem particular pressupõe um conceito genérico, como diz Adorno.[7]

A relação é sempre mediação, ela não é livre, antes é causa e efeito da sociedade na qual se instaura, do meio onde se estabelece. Se o sujeito é mediado pelo objeto, o vício é a mediação entre usuário e droga, do mesmo modo essa mediação é mediada, por sua vez, pelo "meio" geral onde as ideias e as práticas se estabelecem, construindo verdades e mentiras sobre drogas, usuários e as relações entre eles. A verdade de uma "guerra" contra as drogas só se revelaria naquilo que é a "guerra" de todos contra todos, que implica a falta de solidariedade para a compreensão e a autocompreensão em uma sociedade de ódio

---

[7] Theodor Adorno, *Palavras e sinais.* Modelos críticos 2, p. 181.

ao outro em que o outro pode ser o usuário de drogas ou a própria droga. Um ódio canalizado, controlado e conduzido em favor da manutenção do sistema de poder. É assim que a droga se torna facilmente o "outro", um objeto que é sempre reduzido a uma identificação, a do sistema de preconceitos que faz a mediação do que compreenderemos como "drogas". É justamente por isso que governos serão capazes de medidas tão extremas como a americana "Guerra às drogas" no contexto de uma "sociedade de segurança" cujo fim último é sempre, em termos foucaultianos, o controle da população. Pesquisas serão impedidas e a decisão política razoável sobre o fato social das drogas sempre será atrapalhada em nome de um "inimigo" forjado fantasmaticamente.

Na intenção de chegar mais perto do cerne da questão do vício, é preciso voltar um pouco atrás. O vício é oposto à virtude apenas enquanto mediado por ela. Ele pode ser entendido como "des-virtuamento" no sentido de que a palavra virtude implicaria a realização de si na direção de um bem para si e o vício uma espécie de "desrealização" desse mesmo bem. Ora, usos esporádicos ou práticas irregulares relativas a drogas não desvirtuam ninguém da construção de sua própria vida no sentido mais moralizante que queiramos dar a essa ideia de um projeto pessoal de vida. Virtuoso, nas filosofias antigas, era aquele que realizava a si mesmo considerando determinados valores sociais que permitiam calcular um lugar para si no contexto de uma retidão da vida. Em nossa cultura, essa ideia de realização de si é necessariamente pobre, como o sistema que a sustenta. Ela pode incluir a entrega a um projeto de vida que podemos chamar de viciado apenas enquanto estamos no contexto da moralização, mas que podemos considerar viciado também enquanto é em si mesmo "enganador" e, no entanto, aparece como válido ao, por exemplo, garantir o prazer imediato promovido pela propaganda. Nesse caso, seria muito fácil simplesmente manter a condenação de um mundo em que tudo está errado, em que tudo é viciado. O que está viciado em um mundo, ele mesmo todo viciado, simplesmente repõe a pergunta pelo vício.

Olhemos, no entanto, um pouco mais para o tema do vício. Diz-se também, aproveitando o inevitável sentido moral que define a oposição entre virtude e vício, que há coisas que são viciadas, no sentido de adulteradas ou falsificadas. Sócrates, entre os antigos, falava que uma faca bem afiada era virtuosa, do mesmo modo que, por oposição, falamos de um dado viciado. A virtude tem relação com o verdadeiro, além do bem. Há certamente a conotação de erro e falsificação, de deturpação e corrupção, ao se declarar que uma pessoa seja viciada. Nesse sentido, falamos de quem é viciado em substâncias, mas podemos, sem constrangimento, dizer que a nossa política e a nossa economia estão viciadas, do mesmo modo que a propaganda. O que é viciado — seja uma pessoa, uma instituição ou um objeto — estaria, por esse prisma, de certo modo fora do prumo da verdade. No entanto, para dizer isso, é preciso sempre ter em vista a medida da virtude (verdadeiro e bom), de um "melhor" do que o disponível. Quando alguém é declarado viciado, está em cena certo julgamento, talvez a ideia de que o "ser humano é para brilhar", e não para acabar-se no uso de substâncias que o envenenam, ou de engodos que o iludem. Nesse ponto é que, embora não possamos ficar nela, não podemos de antemão jogar fora a ideia do vício, nem a moral como um todo, pois, apesar de seus limites, ela sinaliza para um lugar onde reside alguma visão de algo que entendemos como erro. Ela serviria como uma espécie de metáfora que nos leva a outro lugar. Mas, ao mesmo tempo, esbarraríamos novamente em seu limite e não poderíamos ir muito longe com isso, pois sempre poderíamos dizer que o erro está em outro lugar diferente do que ocupamos, e isso porque o uso que fazemos do termo vício sempre sofre do limite moralista que nos salva pessoalmente condenando algum outro.

Uma breve conclusão sobre o problema do vício e da virtude

Foi-se, assim, o tempo em que o par virtude e vício orientava uma ética. Hoje eles fazem parte apenas do circuito da moralização viciada, mas com uma característica curiosa. Ainda ouvimos falar em vício, mas raramente em virtude, como se a sua menção fosse inútil ou precária ou algo fora de moda. Sugerir que as pessoas se tornem virtuosas é, de fato, perigoso quando os valores de nosso tempo são eminentemente econômicos e estéticos, marcados pela riqueza ou pela aparência de riqueza, a que chamamos ostentação, e do qual faz parte, por exemplo, o culto das marcas, que poderíamos facilmente classificar entre os comportamentos ditos viciados. Pode haver muita distorção nesse campo quando uns, tentando ser virtuosos, poderiam entender que são "melhores" do que os outros essencialmente apenas com base em provas contingenciais sociais. Nenhum filósofo da ética clama por virtude; no entanto, todo sistema que põe em cena a questão do vício pressupõe uma ideia de virtude. Em nossa sociedade, o vício moralizante oculta uma ideia de virtude reduzida à normatização, à observância aos valores de um tempo, mesmo que esses valores não sejam bons de um ponto de vista ético-crítico. Podemos concluir dizendo que o sistema em que o vício é a expressão de um preconceito tem como pressuposto a ideia na qual o moralismo é a verdade da virtude, o que foi posto em seu lugar num tempo de decadência em relação à reflexão e à ação.

Poderíamos tentar resolver o problema que aqui se descortina partindo para uma abordagem dialética do tipo que tenta conciliar a virtude com o vício, mostrar que estão conectados e inter-relacionados, mas não se trata disso. O que vemos é uma circularidade muito além da dialética que resulta na manutenção de certa ideia de virtude como moralismo. A conversa por aí também seria longa, mas disso tudo o que devemos reter é que o apagamento da virtude não eliminou a referência ao vício, antes o vício veio a conservar um ideal cínico de virtude em que os valores são os do capital: competitividade, produtividade alienada, conservadorismo. O bem já não importa, importam unicamente os "bens" enquanto valores da sociedade reduzida ao mercado.

O que se conclui, portanto, é que a palavra vício tornou-se viciada em seu uso totalizante, que dá espaço à moralização. A moralização simplifica o que não deveria ser visto fora de um nível complexo. Daí que, ao fim e ao cabo, já não consigamos dizer muito ao falar "vício", embora tampouco possamos jogar fora o seu significado abstrato. Trata-se, no caso do termo vício, de mais um daqueles conceitos "impensados", um chavão, que comanda o modo de ver o mundo de muita gente no contexto do "politicamente correto"; sendo este o que ocupa hoje o lugar da virtude, e, ao mesmo tempo, só o que podemos com ela.

Ora, no que concerne à relação que as pessoas têm com as drogas, ou as substâncias psicoativas, o que é o mal em um determinado tempo o é sempre de um ponto de vista moral e, por isso mesmo, pela mutabilidade da moral, deixa de ser em outra época. Mas se desejarmos ultrapassar a moral por meio de uma desmontagem ética, teremos de olhar de outro modo para nossas próprias construções sociais, das quais, por exemplo, o discurso jurídico e o científico fazem parte, colaborando com a moral enquanto formas superespecializadas de formação de "verdades". Como a utopia de que um pensamento lúcido não deve ter um rosto definido, para salvar a liberdade possível de quem quiser inventá-la, melhor é seguir adiante.

Droga

Em nossa tradição moralista acostumamo-nos há muito tempo a associar drogas a vícios e essa associação tem algo de supersticioso e arbitrário. Não há indivíduo em nossa sociedade que não se relacione com alguma espécie de "droga", seja em sentido genérico seja em sentido específico. "Drogar-se" tornou-se um registro cultural ou até mesmo base da estrutura social que se mantém, todavia, oculta para drogados em sentido genérico, aqueles que não são no estranho formalismo do preconceito tidos como drogados, enquanto vale para drogados moralmente julgáveis no campo de concentração do senso comum. Alguém que use drogas lícitas não será julgado moralmente como "drogado". Alguém que use ilícitas, sim. Com isso quero dizer que há dois pesos e duas medidas no universo cultural das "drogas" que definem a hipocrisia da própria cultura, que isola o que se define como "a droga" como uma espécie de "mal" em si mesmo, um mal substantivável.

Mas poderíamos isolar sem julgamento moralizante o ato de "drogar-se" com substâncias ilícitas de um ato geral de "drogar-se" com substâncias lícitas que é promovido por instituições tanto quanto desejado pelos indivíduos? Não vivemos em uma era de poli-intoxicação, tal como levantado na análise de Xiberras?[8] A relação entre o "drogar-se" em particular e o drogar-se em geral se explica pelo círculo vicioso do qual muitos acreditam sair enquanto, na verdade, reforçam o moralismo por meio de uma crítica abstrata. Não seria melhor sair desse moralismo e pensar, antes de mais nada, na relação histórica e cultural que seres humanos têm com as drogas, salvando a cultura das drogas daquilo que Xiberras[9] e outros historiadores das drogas entenderam como a "mutilação" à qual foram condenadas?

Droga, assim como vício, é uma palavra de sentido amplo. Comum em nosso cotidiano, usamos a palavra "droga" para referirmo-nos ao que há de pior, tanto que se tornou interjeição exasperada: *Droga!* Diz-se para aquilo que não deu certo, para o que contraria, para o que tem gosto ruim ou não serve para nada. Droga é, nesse caso, o erro. A associação se deve à analogia: tão ruim quanto o vício é a droga. No entanto, a origem das drogas é a especiaria,[10] o alimento incomum e especial vindo de longe, das terras distantes. É o tempero e, daí, também o gosto. Nesse sentido, não seria errado tomar emprestada

---
[8]Martine Xiberras, *Sociedade intoxicada*, p. 120.
[9]Ibidem, p. 152.
[10]Eduardo Viana Vargas, "Fármacos e outros objetos sociotécnicos: notas para uma genealogia das drogas", pp.43-48.

a expressão "usuário recreativo" aplicando-a a quem cozinha usando temperos exóticos, buscando gostos incomuns, assim como dizemos de quem usa, por exemplo, a maconha ou as drogas sintéticas, como o Ecstasy. Pode parecer brincadeira, mas há uma verdade nisso. O efeito entre as substâncias é que é diferente. Mas até que ponto? Na história das drogas o enredamento do prazer e do perigo enovela as plantas medicinais com as alucinógenas, a dieta psicoquímica com a alimentar, o chocolate com o açúcar, o chá com o café, a cocaína com o consumismo. De tudo isso, os objetos e os hábitos, podemos dizer que são drogas e, como tais, ambíguas. Todas produzem alegrias e tristezas, saúde e doença, emprego e desemprego, construção e destruição em escala pessoal e social. O destino e a função das drogas dependem da decisão humana em termos institucionais, sociais e, inclusive, pessoais no ato mesmo de usá-las ou delas tornar-se vítima. Lembrando, é claro, que indivíduos são tão enredados à sociedade onde se formam (na prática mais miúda, às instituições das quais participam) que é difícil isolar o que é realmente próprio de cada um que não seja a combinação de muitos elementos no vasto contexto das determinações exteriores a que todos estão sujeitos e que acaba sempre tornando a liberdade com L maiúsculo uma espécie de fantasia. Assim, a condição do usuário individual não o livra da condição de vítima quando se olha para o sistema das drogas, aquilo que, podemos dizer, é a droga enquanto "dispositivo" de poder, feito das vastas modalidades de relação que pode haver entre indivíduos, sociedade e aquilo que ciência e direito, aliados à moral, definem como o objeto droga. Seja um cigarro comum, um cachimbo de crack, mas também um lanche do McDonald's (alguém que se alimente em nível de compulsão com lanches dessa marca pode ficar tão doente quanto um usuário contumaz de álcool ou crack), fica difícil dizer quando chega de fato a decisão de parar uma relação com as drogas, porque aquilo mesmo que entendemos como "decisão" é mediado pelo dispositivo da droga, ou seja, pelo amplo sistema social do qual a droga, como substância, muitas vezes não passa de um detalhe.

No entanto, diferentemente do vício, a droga não é a relação. Droga é um objeto concreto que participa de uma relação, algo com o qual um indivíduo necessariamente irá se relacionar em uma sociedade que pesquisa, usa (em diversos sentidos) e controla substâncias. Droga é, portanto, aquilo que faz parte do que se chama por aí de "drogas". Para olharmos com alguma isenção para a questão das "drogas" devemos separá-las da moralidade com que elas, assim como o tema do vício, são facilmente interpretadas. Se a característica do vício é a repetibilidade, isso significa que se falará em vício, ou seja, um tipo de ação em relação a um objeto que oferece algum estímulo que leva à repetição. Já sobre droga não podemos falar em sentido estrito senão a partir de muitas considerações que levem em conta dados culturais.

Quando falamos, no entanto, em "drogas" já somos os usuários do "discurso" que, conectando-as à questão do vício, cai no moralismo que não nos ajuda a compreendê-las — e que antes precisa ser compreendido, como tentei expor no capítulo anterior. Pode haver droga e não haver vício, assim como quando falamos em "drogas" associamos a questão ao tema do vício sem maiores análises e caímos no barateamento do moralismo. Não se pode falar em droga em sentido estrito, pois muitas substâncias podem ser consideradas "drogas". Aqui o melhor é mesmo separar "droga" em um cuidadoso sentido particular e "drogas" em sentido geral, assim como do uso da expressão "drogas" em um sentido moral. Os historiadores das drogas, ao trabalharem com a ideia de substâncias usadas em contextos culturais com objetivos diversos, auxiliam na desconstrução do surto moralista que define a relação de nossa cultura totalitária contra as drogas em sentido geral. Um dos mais conhecidos é o livro de Antonio Escohotado, que situa a questão nos seguintes termos: "Apesar da formidável estrutura de interesses econômicos suscitada pela proibição, o assunto é e seguirá sendo um assunto de consciência."[11] Outro bem conhecido é o livro de Louis Lewin chamado *Phantastica*, que propõe uma classificação das substâncias chamadas "drogas" a partir de seus efeitos, ampliando generosamente a compreensão do tema. Há também a história escrita pelo etnobiólogo Terence McKenna, mapa geral da questão das drogas em termos culturais amplos, construído a partir de um relato elucidativo da relação entre a vida dos cogumelos e as práticas de xamanismo na história primitiva do ser humano. Seu livro *O pão dos deuses*, publicado no EUA

---
[11] Antonio Escohotado, *Historia general de las drogas*, p. 19.

em 1992, é até hoje pouco compreendido, como todos os livros que tocam na questão da intimidade da condição humana com o uso de substâncias psicoativas.

O moralismo, que é a principal mediação social em relação ao tema das drogas, oculta, é bem provável, um afeto bem primitivo como o medo, com o qual aquilo que Claude Lévi-Strauss chamou de "pensamento selvagem" consegue trabalhar, diferentemente da mentalidade moderna. A propósito, no que concerne ao discurso moralizante sobre as drogas, a diferença entre o arcaico e o moderno parece não ser mais do que o ocultamento daquele por parte desse último. E isso tem consequências nefastas no que concerne ao estabelecimento do tabu em torno das drogas. Tabu, podemos dizer aqui, é mais do que o objeto do medo, é o regulador da angústia, a sensação mais inespecífica do que o medo. O medo, como bem notou por sua vez Andréa Costa Dias,[12] faz parte de uma retórica que incita a uma ideia de catástrofe no que diz respeito, por exemplo, ao uso do crack. As práticas da dominação referem-se à administração do medo, única saída para uma sociedade que não sabe o que fazer com a angústia e que, ao mesmo tempo, a estimula no grande quadro dos preconceitos que evitam o conhecimento sobre o tema.

Para além do medo, a história faz pensar nas drogas relacionando-se aos seres humanos ao longo dos tempos e em todos os lugares. Transformadas em tabus, as drogas fazem tanto o papel do "desconhecido" que se teme

---

[12]Andréa Costa Dias, *Crack*.

quanto do bode expiatório, que deve ser eliminado, justificando toda a providencial ignorância no que concerne ao seu tratamento e que lança a todos na situação de abandono, de inclusão e exclusão em que cada um está por si enquanto a lei está contra todos.

Ambiguidade da droga

A droga não é uma relação, mas é aquilo que podemos chamar de "objeto relacional". Ora ela é objeto, ora é, de certo modo, o objeto que ocupa o lugar do sujeito como algo que adquire vida própria e um lugar ativo sobre um sujeito tornado, ele mesmo, objeto. O sujeito drogado torna-se, num processo circular, ele mesmo o objeto de seu objeto. Assim como deixa de ser o sujeito livre em um processo de assujeitamento. É claro que só podemos dizer "sujeito livre" como de uma suposta liberdade que é eliminada ou cuja falta é evidenciada no processo de relacionamento a uma substância. Voltarei a essa análise, mas, neste momento, saber que o sujeito da droga vira objeto e o objeto adquire a performance do sujeito ajuda a sinalizar o caminho dessa argumentação.

Antes, contudo, é preciso ver que a característica fundamental da droga é a sua ambiguidade. É em função dela que qualquer relação que tenhamos com as drogas não poderá jamais ser linear. Individualidades e instituições sustentam-se nos velhos paraísos artificiais de que falava Baudelaire,[13] mas muito mais no caminho que liga o céu ao inferno de uma *Divina comédia*, como bem notou Martin Feijó,[14] e que fica explícito em todas as narrativas de usuários que chegaram à dependência, tais como o clássico usuário de ópio Thomas de Quincey,[15] um dos poucos a deixar um legado expressivo no processo histórico de destituição do valor da expressão do usuário. Acontece que o discurso moralista ao qual as pessoas se submetem costuma concentrar o problema na decisão do usuário como se se tratasse de questão de foro íntimo ou apenas responsabilidade pessoal.

Fato é, para além do senso comum, que drogas quaisquer podem ser usadas para isso ou aquilo, para o bem ou para o mal, por pessoas ou instituições. O indivíduo poderá usar por prazer, por necessidade, com ou sem noção das causas e das consequências ou dos efeitos daquilo que faz. Do mesmo modo, a instituição poderá usar as drogas para sustentar a si mesma, lucrar ou dominar os indivíduos. Diferentemente dos indivíduos, que podem ou não desejar um saber acerca de si, a instituição conhece bem os seus próprios métodos. Sua racionalidade está exposta em procedimentos cujos fins são sempre a supressão da ameaçadora liberdade individual. Assim como as pessoas podem ser vítimas das drogas, as pessoas podem

---

[13]Charles Baudelaire, *Os paraísos artificiais*.
[14]Martin Feijó, disponível em: <http://www.criabrasilis.org.br/arquivos/pdfs/122_anais_trabalhos_completos.pdf>.
[15]Thomas de Quincey, *Confissões de um comedor de ópio*.

ser vítimas das instituições e as próprias drogas podem ser vítimas das instituições que controlam os discursos, definindo o campo do senso comum ao qual, é preciso dizer, ainda que numa repetição, se submetem as pessoas, sejam elas usuárias ou não. É assim que um indivíduo, ao não fazer uso de seu pensamento reflexivo, pode se tornar vítima também da instituição do moralismo que, ela mesma, é uma espécie de droga conceitual da qual muitos são dependentes.

Mas sigamos em frente na tentativa de entender a ambiguidade da droga. Em nosso contexto brasileiro, a palavra drogaria — sinônimo de farmácia, lugar onde se vendem remédios e cosméticos e, dependendo da cidade, até ração para cães ou produtos de limpeza doméstica — põe em cena a questão fundamental que afeta as drogas hoje: o comércio. Ele define a questão da ambiguidade das drogas em um sentido curioso. Sendo o mercado um referencial moral em uma sociedade calibrada pelo capital, consideramos bom aquilo que pode ser comprado e vendido, desde que se possa ou deseje comprá-lo. Nas drogarias não se vendem cigarros ou bebidas alcoólicas. Maconha ou cocaína apenas em certos países e sob controle de órgãos públicos ou, como no caso da Holanda, por uma curiosa liberação moral em acordo com uma lei razoável cuja tendência, ao que parece, é perder terreno cada vez mais. Por outro lado, há drogas que não são vendidas em lugar algum, senão clandestinamente. Mas a clandestinidade também configura um mercado. Para quem pode comprar, seja no lícito seja no ilícito, a droga é de certo modo boa, porque se tem a crença de que, de um modo ou de outro, bom é o que se vende no mercado ou aquilo que é, de algum modo, difundido e propagado. A ideia de que a tendência é a verdade vale também para o mercado das drogas. Não é a troca simplesmente que é boa, e sobre a economia da troca não há grande reflexão, do contrário se consideraria que o mercado clandestino também tem sua função social, afinal, nos diz o argumento tão irônico quanto cínico: tantas pessoas vivem dele...

Considera-se bom, no entanto, o simples acesso. O usuário de maconha não se pergunta — ou apenas raramente se pergunta — se deveria continuar comprando no mercado negro e ajudando a alimentar o sistema, do mesmo modo como o carnívoro não se pergunta se o mercado de carne é bom para o futuro do planeta. O raciocínio das pessoas encurta com velocidade espantosa diante do simples fato do mercado: se existe o açougue, tornar verdade que "todos comem carne" e enunciar leis tais como a de que "sempre foi assim" no âmbito da "natureza humana" tornam-se preceitos básicos da aceitação que faz parte da moral — e do senso comum — enquanto a sustenta.

Nas drogarias, no entanto, se encontram drogas em sentido específico, lícitas e vendáveis em uns países e em outros não. Vende-se, no Brasil, a aspirina, que é um remédio bom para dores e que pode fazer muito mal dependendo do uso, inclusive causar morte. E mesmo que muitas pessoas morram por causa de algo que parece para seus usuários tão banal, é fato que morrem e que, por continuar sendo usado e vendido, é facilmente tomado como algo simplesmente e inquestionavelmente "bom".

Claro que por trás desse comércio existe o aval da ciência. Isso porque o moralismo em vigência mancomunado ao mercado não questiona justamente o que seja "bom", antes ele vem definir o que é bom. A ciência dá o aval. E não é falso que uma substância como o ácido acetilsalicílico da aspirina seja bom, mas é ainda mais verdadeiro que o será pelo uso, e não porque seja legalizado e acessível por meio da compra, embora o fato de que possa ser comprado valha no senso comum como a verdade da lei, afinal pode ser comprado porque assim o permite uma lei. O raciocínio público não avança muito para além disso.

A aliança entre a moral e o mercado não contabiliza o sentido de "remédio" das substâncias. Um exemplo que torna esse argumento mais simples é o da anfetamina chamada "rebite", uma droga muito usada por motoristas de caminhão, que deve ser usada com álcool e que tem como efeito manter o usuário acordado. Essa droga é vendida em farmácias como qualquer laxante, xarope fitoterápico ou sabonete. Se está "à mão" é porque não deve representar mal algum. É assim que funciona o raciocínio moral que se baseia em regras inquestionadas. Por trás dela está um substrato moralista curioso que convém à moral do mercado, que é a mesma da produtividade: quando se sabe que alguém ficará acordado porque precisa trabalhar, já não se julga se isso é válido para o bem-estar corporal e pessoal. Em uma cultura que hipervaloriza a produtividade, já não se questionam os esforços para realizá-la. Nem mesmo se questiona um fato que passa ao lado desse: para se dirigir usando "rebite" infringe-se outra lei, que é a que proíbe que se dirija um veículo alcoolizado.

Ao mesmo tempo que essa anfetamina é aceita moralmente, e mesmo usada em contextos médicos, como os remédios para emagrecer, outras, como o Ecstasy, por exemplo, não o são. Mas isso apenas por parte de quem está fora do seu circuito, pois aquele que, jovem ou não, o compra hoje de um colega ou de um vendedor da mais badalada das festas não considera que ela seja má. Sobretudo porque, como sabemos, os próprios jovens já criaram um sistema de controle do "sentido" do uso das drogas, intimamente ligado ao seu uso. Fala-se hoje em "cálculo" e "competência" no "gerenciamento de si" no contexto de uso em festas de drogas como Ecstasy e cocaína.[16] Os usuários jovens estão fora da moral, como estavam nos anos 1960 e 1970, quando usavam drogas na intenção de expandir a consciência. Com a única diferença de que o que antes era o lugar da consciência e da "viagem" de que falavam os experimentos psicodélicos hoje serve à competência e ao lugar que a droga pode assegurar a um indivíduo na cena do mercado. Podemos, no entanto, julgar moralmente tais usos? Julgaremos a cocaína ou o Ecstasy menos maus porque são usados por jovens produtivos? Isso nos levaria à discussão ampla sobre a malignidade das drogas ilícitas que nos obrigaria a pensar na malignidade de remédios lícitos, desviando-nos assim da questão. Nosso problema maior é prestar atenção ao fato de que uma sociedade supersticiosa e entregue ao

---

[16]Maria Isabel Mendes de Almeida e Fernanda Eugenio, "Paisagens existenciais e alquimias pragmáticas: uma reflexão comparativa do recurso às 'drogas' no contexto da contracultura e nas cenas eletrônicas contemporâneas", p. 155.

moralismo julgará mal quem usa uma droga para relaxar enquanto admite tranquilamente que se use algo danoso à saúde porque é preciso "render" no trabalho. É que a moralização serve ao sistema. A moral atual condena o relaxamento que não seja útil à produtividade e aprova incondicionalmente a produtividade, perdoando em seu nome até o uso de drogas contra o qual se insurgia. Logo, o que exatamente quer a moral social? Esconder a ambiguidade da droga. Seu conhecimento desmonta qualquer moralidade. Por isso mesmo a compreensão mais profunda, a discussão em torno do tema, é social e politicamente evitada. Sabemos que nenhum remédio — uma droga — é absolutamente bom senão em função de um uso específico. Os laboratórios são legalmente obrigados a noticiar efeitos colaterais nas bulas das substâncias porque nenhum remédio é absolutamente bom, não existe um elixir milagroso, nem a panaceia universal. Mas o lado mau dos remédios não sofre de moralismo, o que se verifica quando, no contexto cotidiano, não se usa o termo técnico droga para se referir a eles. Por trás disso há a lei mancomunada ao moralismo que não obriga a falar do caráter de remédio de muitas substâncias tratadas como drogas e que continuam sendo tratadas como drogas (in)justamente ilegais.

As drogarias, no entanto, estão em todas as esquinas mostrando algo que não se sabe assumir. Nelas se vendem coisas boas que podem ser más e más que podem ser boas e fazem lembrar o velho conceito grego de Pharmakon, com o qual podemos entender melhor a questão da ambiguidade da coisa chamada droga. A tradução do termo carrega a ambiguidade: Pharmakon significa o remédio/veneno, o veneno/remédio. Eis o que é uma droga, bem mais do que o benefício direto de um remédio ou o malefício de um veneno. Em sentido amplo as drogas são "Pharmakon", dependendo da forma de uso e da dosagem da substância. Mas está em jogo que também sejam "drogas" devido à sua interpretação. Assim, se remontamos à história, das folhas da coca que são usadas como alimento nos Andes rendeu, por exemplo, a cocaína, que durante certo tempo serviu como anestésico, ou seja, como remédio, e que como excitante ou entretenimento deveria ser vista hoje, em um contexto que pudesse deixar a moral de lado, como problema do freguês, assim como se faz com as bebidas alcoólicas. Usado em doses que podem causar mal ao corpo ou ao espírito, o álcool, a maconha ou uma aspirina é uma espécie de veneno tanto quanto a cocaína. Mas é muito complicado falar de mal do corpo ou mal do espírito, pois sabemos que as pessoas que usam drogas o fazem com motivações ou indicações muito diversas; e o que é mau para uns pode, de fato, não ser para outros, o que vem significar que todas as drogas, sejam lícitas ou não, submetem-se a uma avaliação moral em contextos sociais em que usos e costumes estão em cena. Nesses contextos, é preciso incluir o mercado como uma espécie de prótese moral que define também usos e costumes. É, em grande medida, o mercado que define a moral da droga.

Assim é que alguém pode condenar a maconha e defender a fluoxetina e cada uma dessas substâncias pode ser boa ou má — e inclusive promover efeitos parecidos — dependendo de tantos fatores que sua medição pela moral é muito perigosa. A maconha pode ser usada no lugar de um antidepressivo e não causar mal algum, ao contrário; e a fluoxetina pode ser um mero paliativo, um placebo, para um sintoma emocional que pode passar com outros tratamentos ou, até mesmo, em casos menos graves, com o seguimento da vida sob a reflexão de suas angústias. Outros podem condenar o cigarro e o álcool ou elogiá-los sem parar por meio das mais diversas meditações científicas ou pessoais. O mesmo vale para qualquer outra substância. Nesse contexto é que podemos falar de uma ética no uso de drogas que deveria valer para a reflexão científica e pessoal e também para o âmbito político, em que a condenação de certas drogas deriva de perspectivas puramente moralizantes.

A contaminação conceitual pela moral é a questão séria no que respeita à questão das drogas. Nem a ciência escapa; ao contrário, ela participa, assim como o direito, da esfera do discurso. Psiquiatras se tornam administradores das drogas que podem ser usadas no tratamento de "doenças mentais", mas sabemos que o estabelecimento do que é "doença mental" depende também da psiquiatria enquanto ciência e discurso, cuja isenção podemos questionar nesse caso. Do mesmo modo, a indústria farmacêutica que desenvolve as drogas depende de que haja usuários para elas e, nesse aspecto, nunca é demais lembrar do velho Simão Bacamarte em *O alienista*, de Machado de Assis, e sua fundação da loucura. Ou seja, a indústria precisa fomentar a ideologia da doença mental ou emocional em nome de seus próprios interesses. Do mesmo modo que a indústria do tabaco não afirma que o cigarro causa câncer. É a foice da lei em seu encalço que o faz. O discurso do câncer, por mais verdadeiro que seja, é controlado também pela ciência. Num tom de comédia, o filme *Obrigado por fumar* (*Thank You for Smoking*, direção Jason Reitman, 2006) mostra bem as vicissitudes da questão social do cigarro, que, impulsionado pela propaganda e pelo cinema, passa a ser, em outro contexto, combatido por essa mesma indústria. A relação entre o cigarro e a indústria cultural que o administrou enquanto performance estética não pode ser esquecida. Do mesmo modo que sua relação com aquilo que podemos chamar de indústria cultural da saúde que hoje o combate. A aliança entre a estética comandada pela propaganda e a ciência também não pode ser perdida de vista.

A propósito do cigarro, ninguém precisa proibi-lo legislativamente no Brasil a esta altura em que toda a cultura científica e a própria moda, em aliança mais uma vez com a moral, se move contra o tabagismo, quando o julgamento moral da cultura antitabagista já se instaurou. A lei, de qualquer modo, só se sustenta na aliança da medicina com a moral, sem a qual aquela não pode avançar. Que a moral tenha uma relação íntima com a estética prova-o, portanto, a moda do cigarro que vingou durante meados do século XX e é substituída em nossos tempos por um novo caráter, em que o cigarro, antes emblemático do charme, torna-se *démodé*. Como acontece com muitas das drogas em contextos diversos. As drogas também obedecem ao sistema da moda. Podemos dizer que a moda da maconha, da cocaína e das bebidas diversas está sendo substituída pela moda dos sintéticos. E temos de perceber também que a estética sempre serve a um mercado. O cigarro passou a ser coisa de mau gosto há muito pouco tempo por necessidades evidentes do mercado: tanto o governo, que ainda investe migalhas em saúde, quanto os planos de saúde querem economizar com seus doentes, num evidente ato de poder biopolítico sobre populações que devem viver no contexto de um contingente que se deixará morrer. Ao mesmo tempo, a indústria não precisa perecer de uma vez, pois há como controlar a população e sempre haverá um lucro para os produtores que persistem na direção inversa da matabilidade daquele mesmo contingente.

O que quero dizer é que assim como não haveria sentido social em se fazer um elogio das drogas, tampouco há sentido em seu julgamento prévio que não seja o do interesse de grupos e governos. Mais razoável é perceber que drogas não existem em estado de isolamento em relação ao meio onde são usadas e da mediação que as organiza, inclusos, nesse caso, o discurso e o mercado. Em outras palavras: a propaganda, que é justamente o discurso do mercado e à qual a ciência se alia facilmente. Mais ainda, todas as drogas, ilícitas ou não, participam de mercados, sobretudo na ausência de políticas. Vemos que a publicidade substituiu a política ao ocupar por inteiro a esfera da coisa pública. Um novo aspecto surgiu nesse contexto. A propaganda passou a regular a verdade sobre as drogas, inclusive sustentando a ambiguidade do lícito/ ilícito em um sentido em si mesmo bizarro: todo cigarro hoje precisa vir com o rótulo antitabagista "fumar faz mal à saúde". Quem compra o cigarro que pode ser comprado pode comprar o risco de uma doença. Mas sabemos que não é por isso — porque ele potencialmente vá adoecer e matar pessoas — que se permite sua venda. Essa regra, no entanto, não vale para substâncias tão ou menos nocivas do que o cigarro, como a maconha.

E sabemos que não há verdade absoluta quanto a julgamentos morais, pois que existem usos e costumes diversos em relação a essas substâncias nas mais variadas culturas e épocas. Isso vem mostrar, mais uma vez, que qualquer abordagem das drogas deve fugir da moralização, que sempre julga sem critérios ou com base em preconceitos, fomentados pelos discursos da ciência ou do direito, da religião e da moral. A moral, não é tarde para dizer, faz parte do esquema biopolítico de controle dos corpos, da vida das populações. A questão deve orientar-se por uma discussão que leve em conta a derrocada da política e o advento da biopolítica, como faremos adiante, considerando que as drogas fazem parte dos esquemas do poder no controle da vida, seja a vida biológica, seja a vida no sentido da organização da experiência pessoal e coletiva. E esse controle se dá pelas formas do mercado, que, legal ou clandestino, organiza pragmaticamente também a vida das pessoas enquanto usuários de drogas.

Droga como meio e droga como fim

Tendo em vista a amplitude e a ambiguidade da droga, que todos podem facilmente verificar e com as quais precisam aprender a lidar, gostaria de sugerir uma classificação que, a meu ver, pode nos levar mais longe em termos de compreensão do que conseguimos até aqui com a separação entre drogas lícitas e ilícitas que é sustentada por um sistema jurídico ilegítimo[17] e que, correspondendo ao padrão moral-imoral, não nos diz muita coisa nova sobre a questão. A classificação referida nos permitirá falar das drogas para além dos preconceitos legalizados na aliança entre moralismo, ciência e direito (ainda que a perspectiva da crítica esteja em cena para muitos estudiosos) que tem dominado o assunto. Com a visão aqui proposta, pretendo introduzir o problema das drogas no campo filosófico de

---

[17]Marcelo Mayora Alves, *Entre a cultura do controle e o controle cultural: um estudo sobre as práticas tóxicas na cidade de Porto Alegre*, p. 213.

onde elas estão excluídas e que, a meu ver, constitui um lugar central da elucidação e do esclarecimento do tema enquanto ele diz respeito ao todo da experiência vivida. A classificação que proponho, não sem antes questionar o sentido de uma classificação diante da escapabilidade de seu objeto, compreende a droga como meio e a droga como fim. Como "meios" refiro-me às drogas que, como objeto de pesquisa da ciência e como remédios pesquisados pela ciência ou usados por xamãs e curandeiros, bem como plantas usadas em rituais, ou em experiências psicodélicas (por mais que essas possam ter se tornado ingênuas) ou mesmo como entretenimento, realizam a ideia de que o ser humano é, enquanto indivíduo, um fim em si que pode usar a droga como meio para alguma outra coisa. Quando falo em drogas como "fins" refiro-me às mesmas substâncias, no entanto do ponto de vista de uma inversão. Drogas como fins são aquelas que substituem o sentido dos próprios fins humanos a que serviriam como meios. Assim, se drogas podem servir de meio para a saúde, ou meio para a alegria, ou meio para o conhecimento, elas podem também se colocar no lugar da vida do indivíduo ou de um grupo que deveriam ajudar a promover, revelar ou, simplesmente, cujas dores deveriam suavizar. Falo nesse sentido em nome do caráter de "medialidade" — o fato de que são meios — das drogas que é perdido diante do moralismo vigente. Nesse caso, podemos falar da medialidade da aspirina, da medialidade da maconha ou da medialidade da televisão (cada uma delas, à sua maneira, uma droga). Nada disso é mau em si: existe um usuário que também não é mau em si, mas que faz parte de um contexto em que o fato de ser pessoa humana não o constitui simplesmente como sujeito de ação, nem de direitos. Penso, nesse caso, no usuário, mas também no produtor e no revendedor, que vivem apenas para a droga que produzem. Ou seja, aquilo que era objeto tornou-se sujeito, enquanto aquilo que era sujeito tornou-se objeto. Nesse caso, refiro-me à instituição ou ao indivíduo que cancelou sua relação com as diversas esferas da vida em nome, por exemplo, de se injetar heroína o dia todo, ou comer o dia todo, ou viver para poder usar o cachimbo do crack a qualquer hora do dia sem ter outras dimensões de atividades, experiências, deveres e prazeres. Penso em quem assiste à televisão o dia todo ou se entrega ao consumo de objetos lançados em seu desejo pela propaganda. A ideia da droga como fim em si explica a relação que um indivíduo tem com uma espécie de objeto absoluto que ele pode alcançar "imediatamente". Sendo que essa "imediatidade' é apenas ilusão, pois que para chegar a ela foram necessárias muitas mediações. Penso no sujeito que se torna devoto de uma marca, que fetichiza o álcool, que transforma o sexo em centro da totalidade da própria experiência vivida. Penso, é claro, que aquele que é capaz de usar as drogas como meios, é ele mesmo um fim, ou seja, um indivíduo que vive as diversas instâncias da sua experiência pessoal concebendo-se como um participante da sociedade comprometido consigo mesmo. Aquele que passa o dia inteiro lavando dinheiro e empresariando as drogas padece do mesmo mal de escravização que torna a droga um fim em si. Reservo o termo escravização para sinalizar o enredamento objetivo a um contexto do qual a subjetividade não sai ilesa. Para além da periculosidade dos indivíduos que usam drogas como fins, é preciso vê-los como pessoas que fazem parte de uma coletividade e cujos atos relacionam-se a potências dadas socialmente. Cidadãos particulares, família, escola, Estado e quaisquer instituições deveriam tratá-los eticamente, ou seja, com respeito, levando em conta o tipo de ajuda de que precisam (considerando que essa ajuda teria de se limpar o máximo possível da moral daquele que se coloca como ajudante) para que não prejudiquem a si mesmos e aos outros com os quais convivem ou que deles dependem em algum sentido.

Ao mesmo tempo, essas drogas que são fins, como deuses ou mitos, como substâncias absolutas, servem de qualquer modo como meio a sistemas que se valem de sua clandestinidade ou de sua verdade no contexto de autorização pelo discurso jurídico ou científico. São as drogas que, como fins, acabam sendo sempre meios em um outro sentido, meios usados pelos poderes para seu ganho privado em um sistema complexo de exploração do prazer e da dor alheios.

Considerando essa classificação entre drogas como meios e drogas como fins no contexto da administração do prazer e da dor alheios, e considerando que as drogas como fins acabam justamente por servir a um contexto clandestino como fins que devêm meios, temos a noção de um sistema das drogas marcado ele mesmo pela "separabilidade", pelo caráter de separação próprio da relação que se pode ter com as drogas que se colocam como fins independentemente do fato de que sejam classificadas como lícitas ou ilícitas. A absolutização da droga deve nos fazer pensar naquilo que Theodor Adorno chamou "primazia do objeto",[18] o fato anteriormente mencionado de que o sujeito se torna objeto. O fato de que o objeto diz algo contra a intencionalidade do sujeito, contra o seu "conhecimento" do objeto. Droga é, assim, como qualquer objeto, algo que define uma relação. No caso das drogas como fins, o que temos é uma relação marcada pela separação dos meios e dos fins, pela transformação dos fins em meios e dos meios em fins. Se as drogas que serviriam de mediação tornam-se fins, e esses fins têm a qualidade de meios que se ocultam como fins, então temos que os novos fins são os novos meios que perderam sua clareza. Por que os novos fins não podem aparecer? Por que devem ocultar-se? Por que eliminam do indivíduo humano aquela capacidade da "invenção de si" que podemos atribuir ao sujeito da ação? A chance de que o sujeito seja fim de si mesmo, em si mesmo, é o que permite que pensemos na droga como um meio para outras potencialidades em contextos específicos livres da violência, inclusive a que se instaura pelo moralismo.

Neste ponto é que podemos tocar na questão da "dessubjetivação" dos indivíduos usuários de drogas. Dessubjetivação é o nome próprio dessa condição em que o indivíduo, ao fim de um processo de autodestituição de si, torna-se escravo de um absoluto. Ele instaura em seu próprio vazio uma substância compreendida como absoluta. Des-subjetivação é a perda desse fim em si mesmo que dá lugar a um fim de si — daí a sensação despertada por um

---

[18]Theodor Adorno, *Palavras e sinais. Modelos críticos 2*, p. 187.

drogado, um "viciado" em sentido lato, de que ele esteja em um processo de autodestruição. O que podemos chamar "reino das drogas" seria essa inversão do "reino dos fins" — no sentido comentado, por exemplo, por um filósofo como Kant — que vem mostrar que a pura mediação perdida do fim último, que é o sujeito individual humano no contexto da humanidade geral, impede a percepção de uma vida mais justa em escala social, mais feliz, filosófica e politicamente falando, para as pessoas que dela fazem parte. Ao mesmo tempo, é certo que esse ideal não é nem acessível, nem simplesmente prático, que a sociedade que condena os usuários de drogas como "marginais" é aquela que não oferece nada de muito bom — nem mesmo em termos de ideias — a seus participantes. E que depois cobra em decisão e responsabilidade, num escamoteamento da mera culpabilização que recai sobre indivíduos que não podem ou não desejam aderir à instituição.

Sabemos que a culpa é um mecanismo de dominação especializado. E que a culpabilização é arma da instituição. Nesse sentido, indo além das drogas como substâncias absolutas e verificando a criação de novos reinos estéticos, podemos dizer que a transformação da sociedade material em uma sociedade virtual é a forma própria de um "reino dos meios" (em que tudo serve a um indivíduo, considerando o fato de que esse foi dessubjetivado) que oculta que sejam meios, ocupando assim o lugar de fins — quando seres humanos se importariam com a felicidade no contexto da convivência de uns e outros. Por isso, é apropriado dizer também que uma instituição como a internet seja "droga" no sentido amplo de "Pharmakon" e que seja ainda em um outro sentido o império fantasmático dos meios como fins na medida em que prescinde da existência corporal. A internet é a instituição que participa hoje daquilo que chamaremos mais adiante de Fissura Digital na grande organização de algo que podemos antecipar aqui como Fissura Estética. Império dos "meios", ditadura da "mediação" são expressões que podemos usar para sinalizar a violência constitutiva dos meios quando eles se tornam fins, do que está entre os indivíduos des-subjetivados e sua relação com os objetos, sejam eles coisas, substâncias e também instituições. Nesse aspecto, fica evidente a participação entre o reino das drogas (em sentido amplo e também estrito) e o reino dos meios de comunicação de massa que comandam a vida das populações em nossos tempos.

Mediação é, pois, lugar e forma de relação, mas a relação é uma medida dinâmica e abstrata entre corpos dos quais ela pode passar a prescindir à medida que se enrijece como absoluta no contexto, por exemplo, de uma sociedade digital. Ao perder sua mobilidade, a mediação torna-se i-mediação, a relação torna-se i-relação. O exemplo da política torna essa ideia mais clara: a política se faz como antipolítica em um mundo que vive dos meios como fins (em que o prazer imediato de uns rouba o sentido da vida do conjunto humano). Assim como o mercado absoluto é antieconômico, assim como o pensamento totalizado é senso comum, é antipensamento, a política dos meios destituídos de um fim relativo à "sociedade humana" é antipolítica. A fissura relaciona-se a isso. Ela define que a mediação em nossa sociedade é ela mesma interrompida enquanto se coloca como algo total. Em vez de meio, de algo móvel, ela se enrijece e se quebra. Fissura é justamente o que está no cerne obscuro de um colapso sobre o qual se sustenta a nossa sociedade: ela é o evento que constitui a interrupção de uma relação por enrijecimento. Esse colapso iminente e, ao mesmo tempo, já realizado é camuflado e administrado de modo muito organizado no contexto do monstro pós-político que é a antipolítica. Estamos, assim, separados do conhecimento das drogas enquanto somos dominados por elas, sendo que a droga maior, a mais potente, não é o eu que tomamos quando estamos sozinhos, conforme um dia se pronunciou liricamente Walter Benjamin, mas sim o Estado, que, como droga geral, como *pater potestas*, dispõe sobre o lugar das drogas e, assim, controla a vida dos indivíduos.

Dispositivo das drogas

A moralização em torno das drogas, que faz parte do sistema das drogas, se deve justamente ao vazio geral do pensamento, à ausência de reflexão e de análise crítica em escala social, o que abre espaço para toda sorte de discursos mistificatórios. As tentativas de dar resposta à questão das drogas por meio do discurso científico mostram os limites da própria ciência (medicina e psiquiatria) na habilidade de se colocar perguntas, como bem mostram os estudos bastante conhecidos de um filósofo como Michel Foucault, tanto em *História da loucura* quanto em *Nascimento da clínica*. Ora, o que é o discurso? É a construção de uma verdade por meio de repetição operada por um campo do saber. Nietzsche[19] já tinha percebido no século XIX que o que entendemos por "verdades" eram inventadas à base de imposições sutis ou não sutis.

---

[19]Friedrich Nietzsche, *Sobre verdade e mentira no sentido extramoral*.

O discurso é, nesse sentido, um mecanismo de poder que age por falsificação do que se diz, ou seja, por construção de verdades falsas. O conceito de ideologia de Marx no século XIX também percebera a instauração do mecanismo conceitual em que o falso vale como verdadeiro, como foi colocado ao início desta reflexão.

Nesse contexto, o saber sobre as drogas é, por um lado, insuficiência e, por outro, acobertador do que seria urgente de se perguntar acerca delas. As medidas violentas tomadas em relação à sua produção e ao seu uso provam a insufiência dos saberes que tentam dominá-la. É como se o saber, não podendo ser verdadeiro saber (logo, um poder insuficiência), precisasse se impor como violência. Essa é a função do discurso e da ideologia. Por outro lado, podemos dizer que a incompreensibilidade é também promovida no contexto de um sistema de segurança — uma sociedade de segurança para falar novamente com Foucault[20] — que opera na constituição do tabu e do moralismo social e, ao mesmo tempo, se vale da ciência, usando-a em seu próprio benefício. O jogo de poder coloca o saber verdadeiro, a real investigação, em segundo plano, enquanto privilegia a fala que convém ao poder e sua intenção de mera autoconservação.

Assim, a promovida incompreensibilidade das drogas sustenta-as como dispositivo de manutenção da ordem mais geral do poder cuja característica é autoconservar-se. Não se trata, no caso das drogas, apenas de um predomínio de substâncias ou de um objeto específico, mas é,

---

[20]Michel Foucault, *O nascimento da clínica*, p. 15.

sobretudo, um conjunto de mecanismos, de discursos e práticas que instauram "a droga" ou "as drogas" como "dispositivo". Foi justamente Foucault, o pensador da ligação entre poder e discurso, dos nexos que o poder estabelece com o saber, quem primeiro usou a expressão "dispositivo" para explicar, em seu caso, a função da sexualidade na história humana não mais como um dado natural, mas como uma construção cultural derivada do poder/saber e sua insuficiência.[21] No caso da sexualidade, a construção histórica de uma vontade de saber, de uma "demanda de verdade"[22] sobre o sexo, revela o sexo-saber como aparato de controle dos corpos e da vida. O sexo-verdade canaliza todos os interesses e todas as atenções enquanto se mantém, à medida do discurso religioso e da pesquisa científica, cada vez mais sustentado em seu cerne misterioso. A curiosidade sobre o sexo constituiu a mística do sexo. O poder vem a ser o conjunto das relações, o sistema suficientemente indiscernível que encontra sua coerência apenas na forma ampla de um dispositivo. Ele é o "conjunto de procedimentos" a estabelecer o sentido das relações. É por meio dessa expressão que conseguimos pensar a "relação" em um contexto sistemático sem que, ao mesmo tempo, se responda à pergunta pelo poder por meio do recurso a um princípio abstrato.

    A ideia do dispositivo é valiosa neste momento em que tentamos entender as drogas. Afinal, sendo elas o foco da atenção da ciência e da moral (e também do Estado e do

---

[21] Michel Foucault, *História da sexualidade*, p. 132.
[22] Ibidem, p. 76.

direito), têm entre nós um papel semelhante ao do sexo. Também o sexo, primeiro demonizado e depois endeusado, foi tido como o cerne da experiência sobre cuja decidibilidade pairava a chance de autocompreensão da vida humana. As drogas ocupam esse lugar hoje enquanto estão no cerne de uma disputa sobre a verdade. A disputa pela verdade sempre fez parte do poder, enquanto a verdade é afim ao poder. Que se possa dizer que existe um "dispositivo das drogas" significa, nesse caso, que se disputa a verdade sobre as drogas num "campo de forças" e que é essa verdade que vem regular seu uso, o comportamento em torno dela, inclusive daquilo que o senso comum chama de vício. Ao mesmo tempo, como não há uma verdade, o controle se exerce por meio de mentiras que valem como verdades à medida que são repetidas. Em outros termos, podemos dizer que a questão das drogas, seus discursos e suas práticas, insere-se naquilo que podemos chamar com Foucault de "sociedade de segurança", aquela que reedita a estrutura da lei e da disciplina (com o apoio do direito e da ciência) e que se sustenta na penalidade ou nos procedimentos relativos à vida biológica, como mecanismos de controle social. A questão é, portanto, do estatuto do que Foucault chamou de biopoder, o "cálculo que o poder faz sobre a vida" das populações enquanto é ciente de que a vida humana constitui uma "espécie" sobre a qual é possível tomar decisões.

Na tentativa de entender Foucault encontramos outro autor importante no âmbito da filosofia política contemporânea voltado para o tema da biopolítica, que é Giorgio Agamben, colocando e respondendo à questão: o que é um dispositivo?[23] Na tentativa de resumir o conceito foucaultiano ele nos dá uma definição clara: dispositivo é rede. Ela se estabelece entre o "conjunto heterogêneo, linguístico e não linguístico que inclui virtualmente qualquer coisa no mesmo título: discursos, instituições, edifícios, leis, medidas de polícia, proposições filosóficas etc.".[24] Além disso, a função do dispositivo é estratégica e concreta e depende de relações de poder e de saber. Esse conjunto de práticas e mecanismos tem significado jurídico, tecnológico e militar e, por fim, na exposição de Agamben, também uma definição teológico-econômica, pois que, como nos dirá esse autor, o dispositivo — o *dispositio* — advém, em última instância, do termo grego *oikonomia*. *Oikonomia* diz respeito ao governo providencial divino que pode administrar a vida dos homens, salvando-os. Nesse contexto, a *oikonomia* é entendida como o governo divino do mundo e explica como a Igreja pode administrar o mundo em nome de Deus. Ou como os dispositivos contemporâneos carregam uma promessa de felicidade como um ideal de paraíso ao alcance de todos os que podem "comprar".

Nada mais adequado quando se vê o lugar das mercadorias fetichizadas de nosso mundo. Sejam as drogas propriamente ditas, sejam os objetos que se compram e vendem no mercado, estamos sempre às voltas com o "*Homo oeconomicus*" e seu potencial de consumo. No caso, podemos dizer, tentando resumir o cerne do argumento de Agamben,

---

[23]Giorgio Agamben, *O que é o contemporâneo e outros ensaios*.
[24]Ibidem, p. 29.

que a economia tentaria salvar os homens, mas para isso precisaria organizar o lugar desses homens, que, como seres viventes, estão sempre condenados a uma forma de vida ou de morte dada no local da cultura. E assim ele introduz a benjaminiana questão da vida nua — vida meramente vivida — no âmbito do dispositivo como formulação do poder, mostrando que poder tornou-se uma questão muito mais de economia do que de política. Por trás disso está a concepção da biopolítica foucaultiana definida no cálculo que o poder faz sobre a vida da espécie. Dispositivo é aquilo no que os seres viventes são capturados, é tudo aquilo que pode capturar o corpo e a subjetividade (o que somos), desde a prisão até a fábrica, da escola até o cigarro ou o telefone celular.

Bom lembrar que essa "vida nua", sobre a qual fala Walter Benjamin em seu texto "Para uma crítica da violência", e sobre o qual Agamben escreveu um livro fundamental para a história da filosofia política, chamado *Homo sacer* (2002), fora, de certo modo, também formulada por Adorno já em *Dialética do esclarecimento* (1986) no fim da Segunda Guerra Mundial e depois em uma coletânea publicada por ele em 1969, bem antes dos textos de Foucault e de Agamben. No texto "Sobre sujeito e objeto" Adorno fala de um "homem singular vivente" (*der lebendige Einzelmensch*) que seria a encarnação do "*Homo oeconomicus*", que, em sua análise, torna-se muito mais um sujeito transcendental do que o indivíduo vivente,[25] enquanto é vítima do abstrato modelo da troca

---

[25]Theodor Adorno, *Dialética do esclarecimento*, p. 186.

que ele deveria encarnar. Isso quer dizer que o indivíduo empírico é "deformado" pela abstração de um sujeito transcendental que o antecede. Ele é objetificado por um conceito que o sustenta e que é, ele mesmo, previamente objetificado. Por isso, dizer de um empírico "sujeito drogado", ou mesmo de um concreto "corpo drogado" (como o fez Daniel Lins), seria impossível senão à base de um transcendental que o vem definir. O corpo drogado não seria senão uma espécie de "corpo explorado",[26] aquele corpo já separado entre empírico e transcendental que é já uma elaboração do pensamento, que objetifica justamente para poder pensar. A única saída desse jogo de submissão do concreto ao transcendental é enfrentar a construção do transcendental e suas aplicações por um caminho crítico em relação a essas construções. Isso implica a consciência da construção do sujeito e da separação interna ao sujeito: é preciso, nesse caso, ter em vista a perspectiva de que, por um lado, a separação entre sujeito transcendental e empírico é verdadeira: "O conhecimento da separação real consegue sempre expressar o cindido da condição humana, algo que surgiu pela força", mas, por outro lado, ela é falsa: "A separação não pode ser hipostasiada ou transformada em invariante."[27]

Estamos no fulcro do problema da subjetividade. Assim como não é possível falar em um sujeito intacto, não é possível simplesmente falar de um não sujeito absoluto, de uma mera coisa, quando se trata de um indivíduo huma-

---
[26] Ibidem, p. 216.
[27] Theodor Adorno, *Palavras e sinais*. Modelos críticos 2, pp. 182, 183.

no. Essa fala já é a objetificação com a qual é preciso ter cuidado, porque ela mesma já é objetificada. No sujeito, mesmo quando em estado de cadáver — em relação ao qual temos apenas a memória simbólica de que alguém ali um dia foi um humano vivo —, alguma coisa chama para o que foi e para o que poderia ter sido. E essa coisa não objetificável, esse imensurável sinalizado na persistência da memória não se reduz a um objeto.

Fato é que a condição cultural da vida humana não privilegia a formação do sujeito, mas apenas de uma figura objetificada que, por mais que tente voltar-se para a autonomia, não escapa de sua invenção. A questão seria entender a função e a oportunidade da invenção do indivíduo humano, se essa força de invenção poderia ser maior do que a objetificação. Deriva daí o raciocínio de como alguém é objetificado pelas drogas, ou *dessubjetivado* por elas.

Agamben dirá que o que podemos chamar de sujeito está dado como um resultado do encontro da mera vida do vivente com o dispositivo. Esse encontro é, no entanto, inconsciente. Aquele que se deixa capturar o permite apenas inconscientemente. A subjetivação das pessoas que se dá por meio de seu encontro com objetos dependeria da relação com os dispositivos. E na medida em que existem muitos dispositivos (nos quais Agamben inclui, por exemplo, os telefones celulares), existem tantos processos de subjetivação. Seres humanos, a partir da existência de dispositivos, são seres que transferem suas potências às dos dispositivos, num processo de separação de sua animalidade inicial. Um filósofo como Vilém Flusser, falando dos aparelhos, sobretudo do aparelho fotográfico, tinha uma ideia semelhante.[28] Para ele, o aparelho ilude que o manipulamos, enquanto, por fim, é ele que manipula quem acredita operá-lo. Isso porque as pessoas não conhecem os aparelhos, sabem apenas o que consta em sua superfície. Já na linha do que pensa Agamben, é por meio dos dispositivos que o ser humano garante a organização da vida, é por meio deles que ele pode sobreviver, justamente na medida em que reduziu a vida à mera sobrevivência. No fundo disso há uma cisão. Em suas palavras: "Na raiz de todo dispositivo está, deste modo, um desejo demasiadamente humano, de felicidade, e a captura e a subjetivação desse desejo, numa esfera separada, constituem a potência específica do dispositivo."[29]

Isso vem significar que no cerne de nossa experiência com o dispositivo há uma fratura inicial. Assim como Adorno já havia percebido em relação ao nexo entre indivíduo concreto e sujeito transcendental. O dispositivo é, de certo modo, aquilo que promete restituir o que estava separado, o que, para Agamben, estava na visão dos teólogos na unidade entre Ser e Ação em Deus, ou a visão de alguns filósofos da unidade entre o *Homo sapiens*, ele mesmo e o ambiente imediato onde, como animal, ele viveria. Assim, dirá Agamben que toda separação tem um núcleo religioso e que toda religião precisa da separação para instaurar-se. O dispositivo que "regula a separação

---

[28]Vilém Flusser, *Filosofia da caixa preta*, p. 19.
[29]Idem, p. 44.

é o sacrifício".[30] A partir daí o filósofo italiano proporá um processo de profanação de tudo aquilo que é sagrado, como forma de restituir ao uso dos homens aquilo que se lhes tornou intangível. Precisaríamos saber usar os dispositivos, não simplesmente de um modo bom, mas a nosso favor. Agamben é descrente dessa possibilidade. Na sequência, penso que deveríamos colocá-los no seu devido lugar de meios, e não de fins em si mesmos, e pensar o tema do sacrifício humano presente na função de dispositivo das drogas.

Quando falamos em biopoder no que concerne às drogas, está em jogo uma mesma forma de controle, mas não apenas sobre a vida humana. Trata-se do controle da vida das próprias plantas, que uma cultura tecnológica e antropocêntrica não leva em conta senão em sua necessidade de predação. Não há motivo, fora dos autoritários, para que se controle o uso que uma pessoa deseja fazer, por exemplo, das substâncias psicodélicas naturais, como os cogumelos, o ayahuasca, o peyote ou a própria maconha. Muito das pesquisas que poderiam ser feitas com plantas psicoativas foi proibido — e tornam-se "profanações" quando realizadas — não porque haveria perigo físico para as pessoas, mas porque o simples fato da pesquisa já implicaria uma outra compreensão do mundo e uma possível mudança no entendimento do que é realidade. O próprio papel da ciência no ponto em que ela é mecanismo de poder poderia ser abalado a partir dos atos de pesquisa da própria ciência.

---

[30] Giorgio Agamben, *O que é o contemporâneo e outros ensaios*, p. 45.

Não quero dizer com isso que uma liberalidade vulgar é simplesmente bem-vinda no que tange à pesquisa, mas que sabemos que metodologias têm relação direta com ideologias e que, sendo a "verdade" a moeda mais forte no campo do discurso, a ética da pesquisa sofre sempre os efeitos de decisões políticas. Ao contrário, qualquer pesquisa deveria ser possível a partir de regulamentações razoáveis em um contexto de debate ético-político. Isso seria profanação, ou, para usar uma palavra mais comum, desmistificação. Mas sabemos que, no contexto de certas ideologias, o que está em cena é sempre o cinismo, que se vale de bodes expiatórios na intenção do controle social. E as "substâncias misteriosas" (cujo caráter de mistério é construído pelos discursos) funcionam bem na manutenção do dispositivo. Certamente, o que se entendia por droga psicoativa nos anos 1960 e 1970 implicava uma expansão da consciência que, sob qualquer forma, nunca agrada aos donos do poder e administradores da ordem a ser conservada para a manutenção do sistema.

Na contramão das ideologias de controle, escritores praticaram a sua profanação. Tentaram mostrar que o uso de drogas era relativo a uma experiência com a consciência, justamente o que se proibia no campo da sustentação do poder autoritário. Lembremos o famoso livro de Aldous Huxley *As portas da percepção*, publicado nos anos 1950, ou o texto sobre o haxixe de Benjamin publicado nos anos 1930. A separação entre drogas lícitas, as que podem ser vendidas, e ilícitas, as que não podem ser vendidas, relaciona-se a esse programa de governo voltado para uma sociedade de segurança. O senso comum, intoxicado de moral, diga-se de passagem, interpretou como boas as que fazem parte do mercado legal e ruins as do mercado ilegal, sem questionamento sobre os motivos dessa separação, estabelecida historicamente e à base de interesses. Hoje, a questão da descriminalização, da regulamentação e da legalização seria a chance de superação da fissura política e social que envolve as drogas, afetando a vida das pessoas. Seria uma tentativa de interromper o funcionamento do dispositivo. O desejo de que isso seja possível soa em nosso contexto como uma profanação.

Corpo drogado, corpo fissurado

A função do dispositivo é dominar a subjetividade enquanto ao mesmo tempo promove dessubjetivação. Ou dessubjetivar enquanto faz crer que aconteceu o contrário. Como a função do dispositivo é fazer funcionar a máquina do poder, ele se estabelece no âmbito das práticas e dos discursos que formam aqueles "corpos dóceis", de que fala Foucault, que assumem um processo de "assujeitamento" como se fosse o alcance de uma liberdade possível. Nesse caso, Agamben está falando de uma cisão interna à própria ideia de "sujeito", tão defendida no contexto da filosofia moderna desde Descartes até Adorno. A confissão seria, em Foucault, o exemplo do dispositivo que alcançaria um sujeito cindido em si mesmo: um novo eu emergiria da culpa enquanto salvaguardaria o velho eu criminoso. Essa ideia faz ver para que serve o eu e sua própria negação ainda na forma de um eu. As prisões, dispositivos que tanto interessaram à pesquisa de Foucault, produziriam esse sujeito cindido: ele alcançaria uma verdade sobre si ao repudiar seu próprio eu pecador. Do mesmo modo, a posição do drogado e a droga colocadas em contextos extremos, como o que vemos atualmente nas chamadas "cracolândias" das grandes cidades, vêm definir esse espaço como uma espécie de efeito do processo de funcionamento do próprio dispositivo. As ruas onde habitam esses indivíduos marcados pelo lugar de "drogado" configuram prisões, mais ainda, definem aquilo que Agamben chamou de "campo"[31] como espaço de exceção, onde o "incluído" é "excluído". A condição do "drogado", nesse caso, surge como a verdade para aquele que aceita ou repudia o seu próprio ato de drogar-se. Ao drogar-se, podemos dizer, o "drogado" já perdeu a si mesmo em sua identidade e, nesse perder-se a si mesmo, encontra-se como um outro, em uma outra identidade, a estranha identidade de um "drogado". Da perda de si, o "sujeito drogado" reinstaura-se pelo lugar que ele pode ocupar junto da droga.

Nesse sentido é que podemos dizer que não há exatamente um "sujeito drogado". Pois que quem usa drogas não necessariamente perde a si, mas pode também encontrar-se; no entanto, pelo ato de encontrar-se enquanto se perde, ele foi vítima de algo maior do que ele. Submeteu-se e já não pode manter-se sujeito no sentido ético, na mais clássica das definições kantianas, como aquele que dá a si mesmo a sua própria lei. Podemos perguntar de uma vez por todas se o "drogado" é dono de seu desejo,

---

[31] Giorgio Agamben, *O que é o contemporâneo e outros ensaios*.

de sua vontade, de sua ação. Se há um drogado, é, ele mesmo, a figura de uma dessubjetivação assumida como forma de subjetivação, daquela perda de si que simula um encontro consigo. Como num paradoxo em que posso enunciar "sou, justamente porque não sou". Se concordarmos com Agamben, para quem na "não verdade do sujeito não está mais a sua verdade", descobrimos que a formulação (em si mesma contraditória) de um "sujeito drogado" define aquele que já não pode recuperar-se da fratura, que o que lhe resta é a contradição de estar fora do sujeito enquanto é, ao mesmo tempo, estranhamente um sujeito. E isso porque, ao ser destituído de sua suposta liberdade teórico-prática (a de pensar e de agir por conta própria), ao mesmo tempo ele permanece instaurado como corpo que de certo modo pensa e age, ainda que não autonomamente. Mas tudo isso que dizemos do sujeito, e neste caso do sujeito drogado, não é novidade em um contexto em que dispositivos de toda ordem, tecnológicos e institucionais, práticos e discursivos, fazem operar a ação humana. Isso explica por que, no contexto social contemporâneo, as pessoas tornam-se tão facilmente como que robôs, que, num contraditório "moto próprio", vão, ao mesmo tempo, sendo programadas por outros, seja o mercado, seja a publicidade, sejam as substâncias que servem de amparo ou sentido às suas vidas destituídas de experiência existencial.

    Um corpo-drogado, expressão que tomo emprestada de Daniel Lins,[32] seria, a meu ver, a única coisa que se

---

[32] Daniel Lins, "Crueldade do devir e corpo-drogado".

poderia dizer dessa ausência de sujeito, apesar da presença de uma individualidade corporal e concreta, como se o drogado pudesse enunciar sua verdade: "Mesmo que eu não seja outra coisa, ainda sou corpo." Mas não é ele que fala de seu corpo e o sujeito não está ali na ausência de consciência. Apenas podemos falar de um sujeito-drogado no sentido de um "corpo-drogado", que é em si mesmo fruto de uma fratura no sujeito do pensamento que se autoenuncia desde a sua posição de corpo enquanto, ao mesmo tempo, não pode se autoenunciar. Mas essa fratura não é mais do que a impossibilidade de reconstituir, de colar o que foi separado no gesto mesmo de se tornar "sujeito".

Por isso é que falarei de um corpo-fissurado na tentativa de elaborar o lugar da fissura entre o corpo e o sujeito. Considero que o corpo-drogado seja julgado ou denominado como tal a partir de um sujeito transcendental capaz de pensá-lo e que, necessariamente, implicaria a possibilidade de pensar também um corpo não drogado. Sendo "corpo" aquilo que, a partir do corpo que pensa, se enuncia desde o imaginário de um sujeito que é capaz de conceituá-lo, retirando a questão das drogas de um lugar moral, lançando-a na condição do indivíduo como um ser social, longe do tradicional dualismo filosófico que separa o psiquismo do corpo, a linguagem do corpo. Quando, afinal, poderíamos falar de um corpo drogado se todo corpo é, desde sempre, fissurado pela própria cultura onde ele surge e até mesmo pelo próprio sujeito capaz de enunciá-lo e que só o enuncia por meio de seu corpo sem, no entanto, jamais refazer a fratura?

Não estou querendo meramente complicar a questão com essas elaborações difíceis de expressar e de compreender. Antes, gostaria de ir mais fundo na intenção de colocar luz na sombria relação entre a figura do sujeito — sempre pressuposto como histórico e dono de si — que se droga e que se constitui como um corpo-drogado, como se, nesse gesto, ele estivesse dessubjetivado, ou seja, tornado um mero objeto de um objeto "droga". Quero dizer com isso que a questão se define na indistinção entre ser sujeito e ser objeto, e mais do que isso. Nessa espécie de zona entre subjetividade e objetividade, entre liberdade de si e submetimento ao outro, há uma história subterrânea a ser avaliada. Quero, com isso, deixar claro que o que podemos chamar de sujeito depende desde sempre de um corpo que o enuncia a partir daquilo que no pensamento se cindiu de seu corpo — a base fundamental de qualquer enunciado possível.

Mais ainda, quero mostrar como é o corpo, considerado como aquela parte da experiência que foi deixada no subsolo da história, que se torna o receptáculo e o efeito do que chamei aqui "dispositivo das drogas". É, em última instância, o corpo que é recalcado e que sofre a violência da política, da moral e da prática no contexto do dispositivo das drogas. É o corpo-drogado que surge como um resto histórico na derrocada do sujeito — corpo-fissurado — enquanto ao mesmo tempo permanece sendo sujeito: um paradoxal sujeito dessubjetivado que é o portador da fissura.

Neste momento, é válido trazer à tona um texto chamado "Interesse pelo corpo", que faz parte das notas e dos esboços finais da *Dialética do esclarecimento*, de Adorno e Horkheimer, publicado nos anos 1940. Nesse texto, a problemática biopolítica que tanto importa na compreensão da questão das drogas já se fazia ver relativamente a outros aspectos do corpo. Os autores falam de uma "história subterrânea" em que se coloca em jogo o "destino dos instintos e paixões humanas recalcados e desfigurados pela civilização".[33] Falando de uma mutilação, dois mundos são colocados em cena: um da razão e do fascismo, outro da irracionalidade e do corpo recalcado. A estigmatização do corpo valeu para escravos e todos os trabalhadores, marcados como "humilhação da carne pelo poder". Se antes havia os escravos, que deviam sempre "passar como sendo os piores", os piores do nosso tempo, que carregam essa mesma humilhação, junto com os trabalhadores, as prostitutas e os mendigos, são também os "drogados". Os autores falarão que "havia duas raças na natureza: os superiores e os inferiores". Podemos dizer que hoje em dia essa separação corresponde aos "não drogados" e "drogados", o saudável e o doente. O "corpo explorado" de que os autores falam poderia bem ser o ancestral desse "corpo drogado" que tentamos compreender aqui. O que chamarei de "corpo-fissurado" é, no entanto, o resultado de um aprofundamento histórico e cada vez mais radical dessa divisão entre superiores e inferiores — entre racionais e irracionais — e que, nas palavras dos autores, se faz pela "diminuição da coerção física exercida de fora", em nome de uma interiorização

---

[33]Theodor Adorno, *Dialética do esclarecimento*, p. 216.

da própria destruição compreendida como um ato automático na guerra de todos contra todos vivida todos os dias e organizada pelo poder contra a força de revolta dos indivíduos. Aquilo que os autores chamaram de "amor-ódio", que se configura pelo prazer na autodestruição ou na destruição do outro, surge como um "controle sobre o corpo". A percepção desse controle, esboçada, portanto, bem antes das investigações de Foucault e das teorias de Agamben, mostra a pré-história da biopolítica e sinaliza para uma ambiguidade dela desconsiderada: a compreensão do corpo como o desejado que é ao mesmo tempo escarnecido.

 A droga faz parte da mesma lógica: também ela é — na mesma cultura que despreza o corpo e o deseja — o desejado e o desprezado, objeto de atração e repulsão. Além disso, se o corpo é a coisa que resta morta no âmbito da cultura, no contexto do dispositivo das drogas, o corpo continua sendo o rejeitado na forma de um corpo-drogado. Eis o morto. A sobra incompreensível e intangível, efeito e carga, resto e peso com o qual a cultura não sabe lidar senão na forma de um enterro, de um ritual de esquecimento. O corpo é o morto em uma cultura racionalista e utilitarista. O corpo drogado é a morte do morto no contexto daqueles que pensam que, eles mesmos, não vão morrer.

 A aliança entre moral e poder mostra-se da medicina aos meios de comunicação. Ambos tratam o corpo como cadáver. Mensuram suas partes do mesmo modo que a cultura das academias de ginástica, que igualmente vê o corpo como coisa. Na *Dialética do esclarecimento*, a separação entre *Leib* e *Körper*, corpo vivo e corpo como coisa extensa, se explica no contexto de uma cultura da manipulação do corpo que o mensura desde o "olhar do fabricante de caixões".[34] Todo corpo é cadáver. Assim, somos capazes de ver no "corpo drogado" de nossos dias a mesma exploração que o cirurgião estético vê na mulher que deve entrar na norma corporal. Essa norma tem o nome da morte.

Na *Dialética do esclarecimento* fica claro que o que vemos acontecer em nossa moderna sociedade capitalista é o que já acontecia no cristianismo: o processo de "rebaixamento" dos invidíduos a corpos na sequência de atos de crueldade que seguirão cruéis até o fim, até a morte. Daí que o corpo — morto — caiba no caixão das regras de beleza, forma e postura, além do comportamento, sempre medido miudamente e passo a passo. Desde o corpo entendido como "coisa morta", como "corpus" (*Körper*),[35] até a morte concreta do corpo (*Leib*), esse rejeitado que, nos termos do livro, despertaria o desejo de rejeitar. A rejeição do corpo vivo é o fim do dispositivo. A própria ideia foucaultiana de dispositivo se antecipa no texto de Adorno e Horkheimer sob a forma de um "aparelho gigantesco". Nas palavras dos autores, "a humanidade deixa-se escravizar, não mais pela espada, mas pela gigantesca aparelhagem que acaba, é verdade, por forjar de novo a espada".[36] Por trás desse "aparelho gigantesco" que é o

---

[34]Theodor Adorno, *Dialética do esclarecimento*, p. 219.
[35]Ibidem, p. 217.
[36]Ibidem.

próprio dispositivo está a razão de Estado, o Poder, que visa apenas a sua automanutenção contra toda alteridade. Adorno e Horkheimer notam que se trata inclusive do que acontece nos campos de concentração. Trata-se do que no ano de 2012 levou à ação do governo municipal, com a conivência e o apoio da maioria da população civil, sobre uma das mais famosas "cracolândias" do Brasil, a do centro da cidade de São Paulo. O que Agamben, havia poucos anos, chamara pela expressão do direito romano *Homo sacer* — *Homem sagrado*, em sua genealogia arqueológica — é justamente o reaparecimento da figura da vida nua (*bloss Leben*) de que falava Benjamin em seu texto sobre a violência e que é recuperada na *Dialética do esclarecimento* na divisão entre corpo extenso (*Körper*) e corpo vivo (*Leib*). Vida nua, o corpo vivo, é o que está exposto àquilo que Agamben entenderá, ao longo do seu livro sobre o *Homo sacer*, como "matabilidade", dada no processo de recalcamento do corpo a que chamamos história.

Assim, com a expressão corpo-fissurado eu gostaria de definir a existência de um corpo recalcado sob um corpo que sobrevive. Um corpo sacrificado sobre um corpo suportável. No indivíduo drogado, esse corpo vivo, meramente vivo e recalcado, reaparece. Trata-se do corpo e seu subcorpo unidos por uma separação: corpo vivo e corpo cadáver reunidos no espectro da pessoa humana. Em um sentido político, não se pode dizer desses corpos que "vivam", ao mesmo tempo que não se pode dizer que estejam simplesmente mortos. Antes é preciso ver que sobrevivem numa justaposição entre o que "poderia ter sido" e o que não poderia, na qualidade de espectro. Ambos padecem sob as regras tanatopolíticas do capitalismo, ambos estão expostos à matabilidade sem lei que não implica nenhuma condenação jurídica, mas tão somente a posição de uma sobra lançada ao extermínio nos vãos das escadas e pontes das cidades grandes.

Ao mesmo tempo, esse corpo-fissurado vem dizer de algo que, de fora do sujeito, ainda que enunciado pelo sujeito, inclui o seu próprio estar fora de si. E, como que desenredando-se em si mesmo, o exclui por meio desse gesto de enunciação que, como tal, sempre envia para fora de um corpo. Que formulação seria essa? E para que ela serviria? Para que possamos pensar que a experiência com as drogas depende desde sempre de uma fissura da qual todo sujeito participa: entre a sociedade e o indivíduo, entre o corpo e o pensamento alienado da matéria. A cisão a que chamo fissura não cria dois polos que possam relacionar-se ou opor-se. Antes resulta em estilhaços. O que a filosofia historicamente chamou de sujeito nada mais foi do que ocultamento da cisão humana no indivíduo, aquela de que falava Adorno entre sujeito transcendental e empírico, aquela que os dispositivos contemporâneos superespecializaram, por exemplo, no mundo digital, configurando o virtual e o corporal como novo resto de uma ordem tida como verdadeira.

O corpo-fissurado é aquele que interrompeu seu caminho para o sujeito como elevação da consciência crítica, pois desde sempre é já assujeitado pela introjeção da ideologia, da "consciência" dominante ou das simples formas de dessubjetivação dadas em cada tempo nos aparelhos cuja dimensão é sempre maior, simbolicamente falando, do que o do minúsculo e delicado corpo humano. É, nesse sentido, o sujeito, ele mesmo, não mais o objeto manipulável pela aparelhagem, mas algo que carrega o que é, dele mesmo, em si mesmo morto. Não mais um outro dever-ser, ou outro poder-ser — outra potência — mas tão somente algo perdido como imobilidade na mobilidade somática. O corpo-fissurado é o que inclui esse morto. Ele é a memória caricatural de uma unidade perdida entre o vivo e o morto.

Daí, nesse possível impossibilitado, nesse inviável viabilizado, nessa vida morta, nessa morte viva, nesse território nebuloso em que se é e não se é, em que o ser e o não ser expõem-se na indecidibilidade de um jogo que só cessará com a morte total, é que podemos pensar o estado socioeconômico-cultural das figuras usuárias de drogas nas cracolândias das grandes cidades. O conjunto de usuários considerados apenas como pessoas perigosas é o produto de um processo de rejeição social em que, para falar novamente com Adorno, o proscrito desperta o desejo de proscrever. Reduzidos a seus corpos drogados, os usuários de drogas, mormente o crack — como aparecerá no texto de Andréa Costa Dias neste livro —, surgirão como aqueles que Jessé Souza, em seu livro *A ralé brasileira: quem é e como vive*, percebeu como sendo uma classe de "subgente".[37] Naquele caso, a preocupação de Jessé Souza tem como cerne a produtividade da exclusão pela desigualdade social. Mas também as drogas servem

---

[37] Jessé Souza, *A ralé brasileira: quem é e como vive*, p. 24.

de dispositivo de uma outra desigualdade, aquela que está no íntimo da cultura, a mesma que produz o racismo, o machismo, a homofobia, os bandidos de um modo geral e que, numa inversão histórica curiosa, vem a configurar o poder paralelo do narcotráfico em cidades grandes. Documentários como *Falcão — Meninos do tráfico*, de Celso Athayde e MV Bill, mostram bem o estado atual da questão social e cultural no âmbito do Rio de Janeiro. Ali são os meninos, garotos com menos de 18 anos, sem apoio familiar ou governamental, sem escola ou saúde, que se apresentam à pura matabilidade. São eles que representam a vida nua que pode ser morta por qualquer um, a qualquer momento, inclusive eles mesmos, que desvalorizam a própria vida enquanto são vítimas da armadilha do dispositivo de poder das drogas: julgam eles mesmos que não valem nada, inclusive moralmente. Ou seja, julgam-se a si mesmos como imorais enquanto assumem a ideologia que os condena. Resta saber se a vida marcada para morrer é máscara lançada sobre um rosto que pode reaparecer a qualquer momento ou se é o destino inescapável do indivíduo. No caso dos falcões, a sentença de morte é conhecida desde sempre. Entre eles, não morrer é a exceção a confirmar a regra da matabilidade inevitável.

Qual o estatuto dessa forma de vida que carrega em si o seu próprio morto? Ou dessa morte que carrega em si algo que ainda vive? Considerando os termos que deflagram esse arranjo (seja o dispositivo foucaultiano, ou o gigantesco aparelho adorniano, ou o aparelho de Flusser, bem como a *oikonomia* agambeniana no sentido de uma "pura atividade que visa somente a sua própria reprodução"), temos a releitura da questão das drogas nos termos de um outro círculo vicioso, em que morto e vivo permanecem juntos: um corpo vivo e, no entanto, desqualificado como vivo. Um corpo para a morte física e simbólica enquanto deflagra-se como zumbi. Se as drogas configuram uma modalidade de dispositivo, é que enunciam a cisão para cuja compreensão nossa consciência mediana, sustentada no conforto de um moralismo tão violento quanto ingênuo, não está de modo algum preparada.

Subserviência pática

Em um dos aforismos finais de *Minima moralia*, livro publicado por Adorno em 1951, a questão da "*sensation*" já tinha sido esboçada. Ao falar do conceito de "Nouveau" de Baudelaire, Adorno fala da *sensation* como seu "sinônimo esotérico", entendendo que "uma análise da mudança de significado sofrida pela palavra *sensation*"[38] seria muito útil a uma compreensão da pré-história da modernidade. Exatamente o que fez com total desenvoltura em seu *Sociedade excitada*. A tese de Adorno é, em resumo, a seguinte: da "percepção simples", passando pelo "grande desconhecido", chegando à "excitação maciça, na embriaguez destrutiva, no choque como bem de consumo", o que se revela é que a "capacidade de perceber", num sentido quantitavivo, tomou o lugar da felicidade e que a sensação tornou-se um agente "catastrófico de

---

[38] Theodor Adorno, *Minima moralia*, p. 204.

regressão".[39] Como se a possibilidade de perceber tivesse sido eliminada num processo destrutivo da própria percepção, que teria sido substituída pela sensação. Nesse sentido, podemos nos autorizar a dizer que aquilo que Adorno e Horkheimer chamaram de Indústria Cultural opera pela oferta de sensação num tempo em que já não é possível sentir nem perceber, pois o aparelho sensorial foi destruído. Em outras palavras, o sensível e delicado corpo humano, aviltado pelas máquinas, pelo choque, tornou-se vítima do grande aparelho.

A oferta de sensação desse mundo industrializado constitui o processo histórico de insensibilização de que somos vítimas desde o acontecimento das tecnologias e da imagem técnica. Assim, nas palavras de Adorno, é que "o fascismo era a absoluta sensação". Adorno, a propósito, contará nesse texto que Goebbels, o chefe da propaganda nazista e, por isso mesmo, digamos que o maior de todos os publicitários do século XX, "jactava-se de que pelo menos entediantes os nacional-socialistas não eram".[40] O nazismo funcionou como uma estetização da política no sentido de ter trazido à tona o seu potencial estético e esvaziante como verdade absoluta ofertada às massas.

Em seu argumento, Adorno não demorará a comparar essa exigência, que podemos chamar de "culto do novo" para não dizer sua histeria, com uma experiência análoga à das drogas. Diz Adorno que o morfinômano apela para

---

[39]Ibidem, p. 208.
[40]Ibidem, p. 207.

todas as drogas ao se tornar insensível à morfina. Quem está sob seu efeito não tem mais "juízo", ou seja, capacidade de julgar, de pensar, de discernir. O novo aparece, em Adorno, como uma espécie de droga estimulante e paralisante. "*Medium* onipresente da falsa mimese", o novo é aquela "mesmice diferente a cada vez" na qual o sujeito se desmonta. A expressão "subserviência pática", que me interessa destacar aqui, surge no fim do texto explicando a escravização dos sentidos, uma autoanulação geral que não faz diferença entre os produtos da Indústria Cultural ou o crack na esquina mais próxima.

Foi percebido em certos contextos (o que fica expresso em livros de filósofos, de psicanalistas e sociólogos, mas também em filmes de cinema, um produto da Indústria Cultural que consegue contradizer muitas vezes a Indústria, escancarando suas contradições) que a sensação das drogas químicas é da mesma ordem que a sensação dada pelo cinema, pela televisão ou pela música. Nesse sentido é que podemos dizer que toda fissura é estética. E que essa urgência de sentir seja desejada de modo imediato, como uma histeria em escala social por tudo aquilo que é ligeiro. A expressão "subserviência pática" nos oferece neste momento a chance de explicar o acontecimento da fissura em suas duas faces: de um lado, a rachadura social inscrita subterraneamente no indivíduo ao modo de uma subjugação inconsciente; de outro, o desejo ensandecido de tapar uma rachadura que se desconhece. Pois que aquele que vive em estado de servidão pática não sabe que o vive e não há garantia de que ele mude sua postura na direção de uma emancipação ao saber.

Um autor bem mais modesto que esses que venho citando, chamado Michel Lacroix, escreveu um pequeno livro intitulado *O culto da emoção*, no qual percebe em um tom bastante simples a relação de correspondência entre a drogadição pelas substâncias narcotizantes e as estéticas. Em suas palavras, "como o drogado que foge do real numa viagem desencadeada por narcóticos, intoxicamo-nos de experiências emocionais".[41] A mania da emoção vem a ser essa urgência de *pathos* contra o *logos*, para usar termos consagrados na tradição textual filosófica. Do esporte radical ao jogo de futebol no estádio, das catástrofes transmitidas pela televisão ao uso de drogas, o que se deseja de modo geral é uma liberação das emoções. Sentir é urgente. O que está em jogo, de qualquer modo, seja nos autores mais complexos ou nos menos complexos, é que pensar — ao contrário de sentir imediatamente, desde que sentir *mediatamente* se tornou impossível — não apenas não vem ao caso, mas é inoportuno. As drogas ou as armas estéticas — como a televisão —, que poderiam ser meios para algo como subjetividade e humanidade, tornam-se a promessa de uma imediatidade paradisíaca. Perde-se aquilo que certa tradição filosófica entendeu um dia como a desejável conexão entre razão e sensibilidade. Nesse sentido direi, parafraseando Adorno, que um estudo sobre a história do desespero das massas e dos indivíduos particulares seria muito útil para entender o encaminhamento da condição humana no modo como nos estabelecemos hoje.

---

[41]Michel Lacroix, *O culto da emoção*, p. 33.

Uso e consumo de drogas

Nesse sentido é que, mais do que a uma "sociedade excitada", como no conceito de Türcke,[42] quando vemos que a excitação é o resultado sintomático de uma sociedade partida que ao mesmo tempo a reproduz, a questão da fissura diz respeito à alienação e à separação que estão na origem da condição social e que se reproduzem de diversos modos. Em Marx, alienação é o processo de separação entre o ser individual e o coletivo. A "fissura" já está na origem da liberdade e depende da capacidade própria do ser humano de objetificar sua própria natureza. Podemos dizer também, relativamente ao fato de que o ser humano é afinal um ser de linguagem, que a fissura é o abismo entre a natureza e a cultura. Para Marx, o que é próprio da condição humana é que o ser humano é aquele que cria um mundo produzindo objetos e obras para seu próprio

---

[42]Christoph Türcke, *Sociedade excitada: filosofia da sensação*.

sustento e deleite. A alienação surgiria no exato ponto em que os bens produzidos pelas maiorias são apropriados pelas minorias detentoras dos meios de produção. A instrumentalização do ser humano é o esquecimento de sua dimensão criativa. Quando já não podemos nos reconhecer no mundo que criamos, quando aquilo que fazemos não retorna para nós, então estamos alienados. Mas não se trata de uma separação pacífica, e sim de uma submissão de ordem corporal-sensível em que a subserviência pática se constitui em regra de um jogo político.

Em uma sociedade fissurada, o ser humano não é mais aquele que se realiza no trabalho, mas sim aquele que vive sua desrealização na fissura. Que a desrealização é, em certo sentido, realização ao nível de um gozo define um curioso contentamento com a alienação. O indivíduo não se sente mal como o otário, que ao ser consciente do sistema, dele pode tentar sair ou revolucioná-lo. Antes se autoelogia como "consumista", seja de drogas ditas lícitas ou ilícitas, seja com os bens na forma de mercadorias. Por fim, não é um exagero dizer que a própria droga — mesmo a usada por jovens nos contextos das moderníssimas festas rave, por exemplo — seja mais do que a mercadoria. É a essa forma que o dessubjetivado e assujeitado indivíduo humano serve em sua forma de alienação autocontente.

O divórcio entre ser humano e natureza é a forma própria da alienação. Ela se dá entre o ser humano como indivíduo e seu próprio corpo, com a sociedade, mas também, portanto, com o seu próprio fazer, na relação entre ser humano e seu trabalho que o constitui como ser humano. A alienação é um processo subjetivo em que a subjetividade é perdida de si. A sociedade fissurada é um modo de dizer da forma da alienação em nosso tempo. É o trabalho do ser humano, pois que se torna para ele uma existência externa, um objeto. Independentemente dele e estranho a ele. A teoria de Marx, tal como expressa nos *Manuscritos econômico-filosóficos*, é a de que "as coisas estranhadas do ser humano começam a confrontá-lo como um poder autônomo". Aqui é que podemos perceber que o objeto vem "obsedar" como algo "hostil" e "estranho" o próprio ser humano. Se a droga é uma mercadoria, a mercadoria também é uma droga. A equivalência entre elas é direta e totalmente visível.

Marx fala de meios de produção e do fato de que os produtos do trabalhador escapam ao seu controle. Eis o problema que, a meu ver, também se coloca em relação às drogas propriamente ditas ou às mercadorias em um sentido geral. Os seres humanos têm com elas a mesma relação, que pode ser a de uso ou de dependência. O simples uso implicaria a liberdade humana em sua manutenção do sujeito da ação. O consumo, seja de drogas ou de outras mercadorias, é afinal o desespero do alienado. O desespero, por sua vez, é um estado deturpado do desejo.

Daí resulta a importância de compreendermos a diferença entre uso e consumo. Usarei aqui a teoria de Giorgio Agamben, que consta no programático livro chamado *Profanações*, para estabelecer essa diferença bastante útil no ato de diferenciar um usuário de drogas de seu consumidor, ou um uso não problemático do uso problemático. Se a alienação em Marx é, sobretudo, separação, o vão entre o homem e o que ele faz, Agamben está usando o conceito de separação para explicar um processo religioso que une teologia e economia e que vem dar conta da questão marxista do Deus Capital e do "Capitalismo como religião", tal como aparece em Benjamin e que analisaremos a seguir.

Na teoria de Agamben existe uma diferença fundamental entre uso e consumo, que ele constrói a partir das ideias benjaminianas que vou expor a seguir, invertendo a ordem dos fatores por necessidade desta argumentação. Para Agamben, existe uma estrutura da separação que define a religião. Em vez de "religare", o que está em jogo no capitalismo é, segundo suas palavras, um "incessante processo de separação, que investe toda coisa, todo lugar, toda atividade humana para dividi-la por si mesma e é totalmente indiferente à cisão sagrado/profano, divino/humano".[43] Segundo ele, "na sua forma extrema, a religião capitalista realiza a pura forma da separação, sem mais nada a separar". A separação é a própria forma da mercadoria desde sempre cindida em valor de uso e de troca e "se transforma em fetiche inapreensível". O fetiche é em si mesmo inapreensível, ou seja, ele se constitui no elemento ideal ou intangível da coisa e constitui, assim, uma espécie de esfera separada. A essa esfera separada é que Agamben chamará de consumo. Espetáculo será o mundo do consumo de imagens, aquele lugar onde "as coisas são exibidas na sua separação de si mesmas". Só que o consumo e o espetáculo configuram as "duas faces de uma única impossibilidade de usar". Para Agamben,

---
[43]Giorgio Agamben, *Profanações*, p. 71.

aquilo que não pode ser usado transforma-se em coisa consumível. Nesse sentido é que ele dirá que o capitalismo como religião estaria envolvido com a "criação de algo absolutamente improfanável" no sentido de ser impossível para o uso. O Espetáculo seria, nesse âmbito, a exibição do que não pode ser usado. Agamben então vai às fontes teológicas dessa questão e nos mostra que o "cânone teológico do consumo como impossibilidade de uso foi fixado no século XIII" num conflito entre a Cúria Romana e a Ordem dos Franciscanos que reivindicava a "altíssima pobreza"[44] e por meio dela o que chamaram de uso de fato longe da esfera do direito. João XXII será o papa que afirmará que as coisas que são consumíveis são ao mesmo tempo propriedade privada. Consumo é destruição ou "abusus". O consumo acontece enquanto o tal "uso de fato" não se realiza, porque o consumo destrói a coisa no ato mesmo em que ele se realiza. No uso, a substância da coisa permaneceria intacta e poderia, digamos, ser "reutilizada".

A impossibilidade de usar é, para Agamben, o paradigma da sociedade de consumo. O uso envolve uma inapropriabilidade da coisa, enquanto o consumo seria a posse absoluta. A infelicidade dos consumidores viria da impossibilidade de usarem aquilo que consomem, estando assim condenados a viverem uma separação do seu próprio uso e um aprisionamento no consumo. Agamben chamará de profanação a nossa capacidade de usar. Podemos dizer que ela só pode surgir num ato de

---

[44]Giorgio Agamben, *Profanações*, p. 72.

ateísmo consciente contra as mercadorias, uma espécie de iconoclastia. O grande exemplo de impossibilidade de uso de nosso tempo seria, para Agamben, o museu. A impossibilidade de usar está clara no mundo exposto à visão e intangível senão por meio disso. Digamos que a lógica da vitrine que combina com o shopping center e a televisão realiza o mesmo valor de culto pelo valor de exposição e nos coloca a todos dentro de um museu de espectros passeando com roupas e objetos ditos "de marca" ou famintos de possuí-las.

Os adeptos do culto capitalista, dirá Agamben, são os habitantes da "forma pura da separação". O shopping, o museu, a televisão e o turismo são formas de experiência desesperada. A impossibilidade de usar e a improfanabilidade (que seria, podemos dizer, o uso livre de um programa) são suas características, tal como os entende Agamben. Indo um pouco além de sua teoria, podemos dizer que da improfanabilidade, ou seja, da impossibilidade de um gesto que rompa com o consumo e realize o uso, resulta uma forma desesperada de desejo, o desejo de um uso que nunca se realiza, e, ao mesmo tempo, define o culto do consumo a ponto de que hoje somos chamados pelo discurso do mercado de "consumidores", e não mais de usuários. No contexto do culto consumista, o consumo vem a ser o nome da impossibilidade de usar. Entendo essa impossibilidade de usar como a posição de uma contemplação esvaziada de sentido, um desejo deturpado e obsedante na contramão da natureza emancipatória do desejo. Um desejo em estado de desespero. Quando Schopenhauer falava do caráter assustador do desejo ele se referia a essa insaciabilidade desesperada e devoradora do espírito humano. A saída de Agamben está na brincadeira, na possibilidade que uma sociedade tem de "desativar os seus dispositivos".[45] A droga, diremos nós, é um desses dispositivos a serem desativados por meio da invenção humana, da capacidade de lhes dar um uso novo contra o consumo.

Neste ponto, poderemos compreender o que Walter Benjamin quis dizer com a tese do "Capitalismo como religião", de 1921. Nesse famoso fragmento, Benjamin sustenta que o capitalismo serve à satisfação das mesmas preocupações às quais as religiões davam respostas. A estrutura religiosa do capitalismo, podemos dizer com Agamben, é a separação. Do mesmo modo, como antes percebera Guy Debord, é o espetáculo como separação consumada entre sagrado e profano. Em Benjamin, o capitalismo se desenvolve em três momentos: o culto em si, em que o utilitarismo (o que em Agamben é o consumo) é verdadeiro em si mesmo; a duração eterna do culto sem trégua, em que o adorador não pode parar um segundo de cultuar; a culpabilização total até que se chegue a uma culpa de Deus, em cujo ápice se atinge o desespero. A destruição do ser, dirá Benjamin, é o que essa religião promete na contramão da salvação das demais.

A mercadoria é o objeto da liturgia total exercitada pelos consumidores, que são os fiéis dessa religião do improfanável. Se a autonomia das mercadorias exerce um poder mágico sobre o produtor e sobre o consumidor e o

---

[45] Giorgio Agamben, *Profanações*, p. 75.

consumidor é aquele que, na verdade, não pode usá-las, ele é a presa, o sujeito de um objeto em que os lugares do "sujeito" e do "objeto" estão invertidos. O fetichismo da mercadoria é esse poder mágico que sustenta o sistema da crença administrada pela propaganda. Trata-se do mesmo fetichismo das drogas, que exercem sobre o consumidor um fascínio prometeico. O consumidor é a figura da compulsão, o viciado que faz girar o círculo vicioso da mercadoria, que só existe enquanto ela mesma é fetiche. O fetiche é a religiosidade, é a substância para além da matéria que está em todas as coisas e que sobrevive ao mesmo tempo que causa a subserviência pática. O seu modo de ser é o círculo vicioso no qual cada consumidor está implicado miudamente.

Em *A sociedade do espetáculo*, de Guy Debord, publicado em 1967, o conceito de separação assume um lugar especial. Com o termo fissura é reposto o que Debord entendeu por separação, no sentido da cisão, que ele diz fazer parte da unidade do mundo, em seus termos, a "cisão consumada no interior do homem",[46] da "práxis social global que se cindiu em realidade e imagem".[47] No entanto, enquanto Debord expõe o mundo do espetáculo como a projeção fantasmática de imagens que vêm ocupar o lugar do real, no mesmo sentido em que Vilém Flusser afirmará a perda de nosso interesse pelo real em nome da imagem, pretendo, por meio do conceito de fissura, entender a formulação da separação, o "como" ela se dá, e que

---

[46]Guy Debord, *A sociedade do espetáculo*, p. 19.
[47]Ibidem, p. 15.

forma assume ao se tornar uma espécie de calibrador de sentido social, mas também da particularidade individual, considerando que no contexto da vida a fissura é aquilo que já não nos permite mais distinguir um e outro. O lugar do universal é que está cindido no indivíduo, ele mesmo esfacelado por este grande Outro que é o mercado universal, cindido e ofertado ao sujeito reduzido a consumidor da mercadoria. A redução ao corpo, que verificamos ser parte da estratégia da dominação, torna-se o que podemos designar como "redução ao consumidor", assim como é uma redução a compreensão do sujeito como "drogado". A mercadoria é esse operador da fissura, a faca que corta o ser humano em dois, seja a droga, sejam os produtos de uma sociedade consumidora. Assim é que ele se torna um conceito operativo da estrutura/desestrutura da sociedade, do esfacelamento iminente e ao mesmo tempo da rachadura com a qual aceitamos conviver.

Assim, a sociedade do espetáculo é uma sociedade fissurada, do mesmo modo que a sociedade excitada é uma sociedade fissurada, do mesmo modo que a sociedade viciada ou drogada é fissurada. Se são as mídias, as drogas, a bebida ou a mercadoria que orientam a direção a um Outro — para usar um termo que tem validade tanto psicanalítica quanto filosófica — ofertado ou colocado como absoluto na vida de todos nós, não importa. A fissura é um outro abissal internalizado e não é possível negar-lhe o caráter teológico, mas é preciso ver que esse caráter é negativo, de uma relação direta com o que podemos entender como o mal. Em qualquer dos casos, a fissura sinaliza para o vão, o abismo, o furo, a racha que está na base de nossas experiências estéticas, ao mesmo tempo existenciais e políticas, de um tempo comandado pelo espectro do capital.

Na direção de uma crítica do capital, Debord falará do espetáculo como o "sonho mau da sociedade moderna aprisionada". A meu ver, não apenas o capital devém imagem, mas devém forma da ilusão sem a qual o capital já não existiria. Pois o que é o capital senão o que dele se pode mostrar? O valor de exposição é um dos aspectos mais importantes do cenário da mercadoria em sua fase atual. O capital é a religião, o novo "ópio do povo". E nisso vemos seu sentido religioso e ao mesmo tempo entorpecente. Assim como a religião foi espetáculo, o espetáculo é religião, mas apenas porque a religião, assim como o espetáculo, causa sensação. Isso explica a ideia benjaminiana da religião capitalista. Ele promete a "religação" quando na verdade é o programa da separação perfeitamente estabelecida. O que é, ora, a imagem senão superfície não fissurada? Historicamente, a religião soube fazer uso dessa ilusão como verdade absoluta e dogmática. Na forma do espetáculo, a imagem não é apenas o efeito próprio do ocultamento da fissura, mas a forma desse ocultamento. Debord falará de um sonho, como aquele outro lugar que habitar, que acaba por se tornar necessário à sustentação do espetáculo, o que fará com que a sociedade se entregue ao "desejo de dormir".[48] A religião também prometeu um paraíso na forma de uma imagem enquanto ao mesmo tempo mostrou esse paraíso como um

---

[48]Guy Debord, *A sociedade do espetáculo*, p. 19.

lugar "separado" e intangível. No contexto da sociedade fissurada podemos dizer que a busca por entorpecimento é necessária, pois que o sono é o que sustenta o sonho. Talvez nesse sentido se possa interpretar o título da gravura de Goya "El sueño de la razón produce monstruos". A palavra "sueño" em espanhol serve para dizer sono e sonho ao mesmo tempo. Estamos aqui e nosso único modo de habitar este mundo fissurado, transformado em dois, é tendendo ao lado de lá. O espetáculo não é a fissura, o efeito e a causa, ele é também a ilusão de que ela não exista. "A separação é o alfa e o ômega do espetáculo",[49] dirá Debord. Uma espécie de "alienação" que está no "núcleo original" da "economia que se move por si mesma".[50] A fissura surge como esse mundo repartido, dividido, em que a construção fantasmática de um outro mundo separado garante o que não somos, tanto lá quanto aqui.

---

[49]Guy Debord, *A sociedade do espetáculo*, p. 21.
[50]Ibidem, p. 24.

Dizer fissura

No contexto da gíria no qual surge o termo fissura não está implicada apenas uma separação, mas a expectativa de uma ligação que, ao contrário, eliminaria a separação, que apenas podemos supor observando a desmedida, aquela que se desvenda a olhos vistos quando alguém se encontra no que podemos entender aqui como o estado de *fissura*. Assim como podemos dizer que a questão da fissura é corporal e estética, podemos dizer que ela é também religiosa. A fissura é, em um primeiro momento, um estar fora de si sob a ilusão de uma "unificação total" em que a reconciliação de oposições realiza-se no encontro com o objeto desejado. O uso da palavra para designar esse estado de suposta loucura-por-alguma-coisa define o sentido de uma relação com o absoluto e o sagrado. Informa sobre quem está fora de algum limite, que seria capaz de alcançar algo inalcançável, que anseia por qualquer coisa de absoluto. Fissurado é o estado de quem não pode pensar em outra coisa, relacionar-se com outra coisa senão à transcendência prometida por uma substância, algo, ou até mesmo alguém, substancial. Alguém em estado de fissura muitas vezes não pode ser emocional e fisicamente contido senão violentamente, porque ele mesmo já está contido na violência absoluta da fissura, no absoluto violento que é a fissura.

A força tremenda do desejo é a expressão da fissura. É o que caracteriza a fissura do ponto de vista de quem a representa ou por meio dela se representa a si mesmo para si mesmo e para os outros. Ao mesmo tempo que só podemos ver nesse desejo algo que se situa como um abismo, um buraco, o que seria uma falha, a rachadura. É o estado do desejo, rebaixado à necessidade insuportável e inegociável que se torna uma espécie de subdesejo. O desejo que seria ultrapassagem da necessidade é rebaixado pelo objeto à necessidade enquanto, ao mesmo tempo, configura uma espécie de pós-necessidade. A fissura é sempre o desejo em estado aviltado, sua autoaniquilação. Nesse sentido, a fissura remete à questão anteriormente levantada da droga como um fim em si. O fissurado vive para saciar o desejo em sua forma tremenda que é reconduzido ao seu próprio aniquilamento. Podemos falar de um estado de fissura em que nenhum outro objeto interessa senão aquele que é o objeto da fissura, pois que o fissurado está em alguma coisa que ele conhece bem porque é, de certo modo, como ele mesmo.

Nas margens da fissura surgem dois reinos, o dos fissurados e o dos não fissurados. Mas se é verdade que a sociedade que condena certo uso de certas drogas é tão usuária de drogas quanto é capaz de condenar, então esses reinos se ligam justamente por meio da fissura que escondem. A fissura existe, mas nos esforçamos como sociedade — que simula coesão num esforço lógico — para camuflá-la. A relação entre pessoas e drogas não é necessariamente a da fissura, mas o é circunstancialmente, no contexto em que as drogas servem ao ato de uma camuflagem. Alguém pode estar viciado em crack, cocaína, álcool e, na fissura, preocupar os seus pares que habitam a suposta terra firme a ser rompida pela fissura. No extremo, pode prejudicar a própria vida a ponto de destruí-la. Será alguém que, pobre ou rico, ocupará, no contexto do moralismo arraigado até a célula mais íntima de todo olhar, um outro lugar. Quem está do outro lado pode pensar que a fissura não é uma coisa boa, embora, para o fissurado, locupletar seu anseio na fissura que o habita e na qual ele habita pareça a melhor de todas as coisas.

É preciso ter em vista, no entanto, que nem todo fissurado é drogado e que nem todo "drogado" está fissurado. Curioso é que "fissurado" sirva para falar das paixões em geral: do sentimento que se sente por uma pessoa no amor romântico até a devoção que se tem por um time de futebol. Fanatismo é sinônimo de fissura, o que reforça o fundo religioso da questão. A fissura vem sempre carregada de afeto, mas de uma determinada força de afeto, afeto como tábua de salvação, como devoção, como única saída ou solução final.

A fissura implica, assim, a questão espacial e temporal de uma relação a um outro mundo separado. Nesse sentido, o que fissura? A terra firme, o osso firme, o vidro.

Fissura implica que algo se rompeu, que algo se partiu. Implica uma rachadura. Não importando o que fica para trás, senão enquanto ele é suporte da fissura. A separação em dois campos, dois tempos, é o que sempre resulta dela, um antes e um depois, um aqui e um lá. Entre os tempos, os lados, há um vão que não teria surgido senão pela fragilidade da superfície diante de uma violência que irrompe do interior ou do exterior ou até mesmo da confusão entre esses reinos. Cada tempo, cada lado, implica um reino do qual o outro é oposto: a terra firme sempre é o outro tempo-espaço prometido ao qual se chega como a um paraíso artificial, a paz, o relaxamento, o êxtase, por meio de uma substância mágica, seja um Deus ou um discurso sobre a salvação, sejam drogas naturais ou farmacêuticas, sejam mercadorias. Quando dizemos que alguém está fissurado por algo, significa que o objeto veio atingi-lo em cheio, rompendo-o para sempre. Mas poderia ser diferente? Quem no mundo sente-se em terra firme?

Fissurado é sempre alguém que mantém a esperança e crê em algo — porque todo aquele que confirma a existência de um paraíso natural ou artificial é ingênuo — tendo abandonado a reflexão, o espírito da negação e da dúvida que faz pensar. O fissurado nega o mundo enquanto investe na substância que se torna, para ele, o mundo. Ser esperançoso, ele vive da transcendência possível, ele vive da promessa de que o inferno, que por algum caminho ele conhece, possa ser superado. Na mata fechada da imanência deste mundo, o drogado é o crítico inconteste, mesmo que inconsciente de sua crítica. Mas quando ele fala e como podemos ouvi-lo?

Uma ontologia da fissura

Sobre a adicção, esse termo tão novo em nosso vocabulário, ainda é preciso dizer que ela, enquanto prática marcada pela ausência de pensamento que privilegia a ação irrefletida com o fim de evitar uma posição depressiva, como é vista por muitos psicanalistas, explicaria uma característica comum em muitos indivíduos de nosso tempo. Se concordarmos com a visão exposta por um autor como Décio Gurfinkel, por exemplo, de que a toxicomania é uma perversão no sentido de uma experiência sem limite, a sociedade seria ela mesma perversa na medida em que verificamos aquilo que o autor define como a postura "à impulsão" típica do toxicômano como um comportamento constante dos cidadãos, seja em relação ao sexo, às compras, ao jogo, a qualquer mercadoria. A partir daí podemos pensar que as drogas em sentido estrito ou qualquer outro tipo de "objeto-droga" viria "resolver um problema" subjetivo do indivíduo adictivo. No entanto, desde o ponto de vista do dispositivo das drogas, vemos que o indivíduo é apenas o portador de uma necessidade do sistema, que o fratura dessubjetivando-o como sujeito livre e ressubjetivando-o segundo o seu próprio programa: seja ele a droga, o consumo ou qualquer outra devoção. Facilmente caracterizamos a sociedade como "adicta" naquele mesmo sentido de viciada cujos limites verificamos anteriormente. Certamente o capitalismo dá conta desse comportamento "impulsivo" e voltado para um absoluto não porque falta algo ao indivíduo, mas porque o "todo" lhe impõe essa "falta". Poderíamos usar o termo "capitalismo" como sinônimo de adicção apenas no sentido de que hoje o capitalismo representa uma estrutura fundamental do afeto. O capitalismo é ele mesmo uma estética ético-política que traduz o sentido da fissura. O capitalismo é a culpa e o vazio que vem morar em mim enquanto dele sou devoto.

Poderíamos seguir por esse caminho da abordagem psicanalítica que nos levará à ideia de uma "dependência adicta" totalmente aplicável aos exemplos deste livro (pessoas, mercadorias, televisão, internet), mas a psicologia e a psicanálise são a especialidade dos escritos de Andréa Costa Dias. O que pretendo é levantar que a psicanálise trata de questões que, fora do binômio normal-anormal estipulado pela separação entre saúde e doença, neurose ou psicose, são primeiramente filosóficas. Justamente por isso é que podemos dizer que a psicanálise seja uma das grandes filosofias da subjetividade ou da individualidade do nosso tempo. Daí que a postura de um psicanalista lacaniano voltado para a questão da linguagem, como Charles Melman, que coloca o alcoolismo como um "tipo de discurso", e não como uma "modalidade de comportamento",[51] seja bem mais próxima de uma abordagem filosófica voltada igualmente para a compreensão da linguagem no que ela é constituinte da subjetividade. Ou seja, antes de pressupor uma estrutura subjetiva, antes de encontrar um "modo de funcionamento mental" que engessa a noção sempre vaga e variável da subjetividade, a questão da fissura, filosoficamente falando, define a relação do indivíduo humano na sua variedade subjetiva e nos diversos modos de ser, pensar e agir a partir de escolhas e decisões conscientes ou não, boas ou não, todas definidas pela linguagem humana, suas potências falantes ou silenciosas.

Assim é que situo a fissura no indivíduo como um estado de ser, quando não um lugar para se estar, onde é possível situar-se como nos situamos em um discurso, ele mesmo algo totalmente performativo, prático e atual. E isso a torna aspecto fundamental da experiência. No entanto, como coisa in-curável, já que não se trataria de cura, justamente porque não se trata de doença quando alguém se encontra em estado de fissura. Talvez seja isso o que Melman queria dizer em relação ao alcoolista, para quem a questão da dependência pode ser completamente secundária. A fissura está aí, muito para além da dependência ou da impossibilidade de "parar" com o uso de uma substância. A fissura pode acontecer fora de qualquer vício. O que seria, nesse caso, "sair" da fissura? Ora, não se sai da fissura. É isso o que vemos em *Trinta anos esta noite*, de Louis

---

[51]Charles Melman, *Alcoolismo, delinquência, toxicomania: uma outra forma de gozar*, p. 15.

Malle (1963). O protagonista desse filme, um alcoolista, é o exemplo paradigmático da constituição da fissura como um absoluto. Ele prefere estar fora dela, mas para isso precisa estar internado em uma clínica para loucos mesmo não estando louco. A fissura já implica um afogamento, o estado de estar dentro enquanto não se consegue entrar, ou seja, ao mesmo tempo um "estar fora" quando não se consegue sair. Sua intangibilidade não é outra que o estado de estar em si enquanto fora de si.

Tentar compreender a fissura implica, portanto, a cada vez, perceber a ordem ontológica — para além de uma ordem estritamente psicológica — em que ela surge. Uma ontologia da toxicomania ou das drogas nos ajudaria a entender a fissura, mas essa ontologia obrigaria a que se pensasse no corpo e, portanto, nos remeteria imediatamente à estética, mais do que à psiquiatria ou à psicanálise. A argumentação anterior a este tópico em torno do tema de um corpo drogado e de um corpo fissurado pretendeu sinalizar os passos nesse caminho. Neste ponto veríamos que a estética, a disciplina criada no século XVIII para dar conta do "conhecimento inferior", finalmente mostraria a sua verdade negligenciada. O abandono dos sentidos deixou o terreno aberto para a colonização da subjetividade humana pela propaganda, pelos meios de comunicação de massa. A Igreja e o Estado, acostumados ao poder sobre o corpo, mantiveram os seus direitos adquiridos. Se o tema da fissura é filosófico, ele apenas o é como problema eminentemente estético, que, por fim, é, em última instância, político. Que toda estética é, profundamente, ontologia do corpo fissurado.

Fissura estética ou "esteticomania"

O esquema estético fundamental com que nos deparamos hoje, quando o locus da fissura — esse "não lugar" da linguagem — toma conta do mundo enquanto espaço que podemos compartilhar, é aquele que se entrelaça em um quadrado mágico: corpo-imagem-capital-virtual. A revelação desse esquema tem o poder de redesenhar o conceito da fissura. Dizer que a *fissura é estética* é possível quando olhamos para o culto-sacrifício do corpo, a imagem de um corpo tangível na plastificação reparadora da fissura. Ela é *fissura digital* quando percebemos a direção do fim do corpo na sua passagem — na sua dimensão de morte — ao virtual.

Toda fissura é estética. O termo "estética" vem explicar uma relação com a percepção no tempo de sua deterioração, não simplesmente de sua transformação, como na tese de Benjamin sobre a reprodutibilidade técnica. É a percepção que constrói, em seu estado inconsciente, uma compreensão do mundo. É também do mundo percebido que surge a percepção acerca de quem, percebendo o mundo, percebe a si mesmo. Difícil determinar onde começa a autopercepção e termina a percepção do ambiente. Da percepção não temos consciência imediata, sequer podemos produzir consciência, porque perceber que se está a perceber e perceber-se é já uma metapercepção. Podemos pensar que a percepção é o mais imediato e que as imagens às quais nos relacionamos na percepção são primeiramente inconscientes. Quando descobrimos as imagens nos relacionamos a elas com a intensidade de uma verdade, como revelação apenas porque elas nos fazem andar um passo na direção de uma saída da mais pura inconsciência. Embora não cheguemos a sair da inconsciência quando as encontramos, cremos nelas porque elas nos fascinam; em outras palavras, podemos dizer que seu ser é feito do feitiço que lançam sobre nós.

Por "fissura estética" podemos definir o estatuto mesmo de uma ontologia da fissura. A ontologia da fissura é a superfície. Certa sorte de fascínio com o mundo das superfícies nas quais imagens são projetadas como verdades. Mas somos nós também imagens, estamos no mundo por meio delas. Só que nossa relação com as imagens é desde sempre da natureza do fascínio. Podemos dizer que o fascínio pela imagem é nosso modo de ser, ao mesmo tempo que o fascínio pela imagem de si nos daria alguma segurança sobre quem somos e não somos. O fascínio com a imagem de si pode ser positivo ou negativo. É ele que, na posição de "frente a frente" do "sujeito" com o objeto, vem sinalizar a ocorrência da fissura como uma intensificação de sua própria separação. A fissura não é, nesse caso, apenas a rachadura, mas a tentativa de evitar que ela apareça.

A questão da imagem do mundo e da imagem de si está no cerne da experiência com as coisas que aqui chamamos de "fissuras", sejam elas drogas, mercadorias, *gadgets*, comida, a moda ou um estilo de vida. A autoimagem, confundida com a identidade de cada indivíduo, aparece como o universal por meio do qual cada um se torna aquilo que não é. Com a imagem de si cada um se relaciona apenas por meio de uma fantasia. E o que é uma imagem senão um dado da fantasia? A falta de uma imagem não é de uma objetividade, mas de um espelho onde podemos nos ver. O espetáculo, por exemplo, é a casa de espelhos que cria máscaras em lugar de rostos. Na presença da imagem falta a compreensão de que ali algo nos engana. Fissurada é, nesse caso, não a consciência sem a dúvida, mas a percepção de uma presença que permite evitar o questionamento. A irreflexividade do fissurado se deve ao fato de que encontrou essa crença em sua própria imagem, como que restituído a si mesmo por nunca mais precisar encontrar-se.

A imagem de si foi produzida pela Indústria Cultural. Forma de produção especializada em intensificar o caráter estético da mercadoria, o que a Indústria Cultural faz é vender o próprio sujeito a si mesmo como mercadoria. Em outras palavras, cada um compra e vende a si mesmo mediado pelas mercadorias nas quais ele também se transformou num mundo em que tudo é servido à boca grande do capital. A publicidade se torna a administração geral de uma sociedade fissurada e, no entanto, especializada em esconder a fissura.

No âmbito do fetiche, a mercadoria hoje é experimentada como uma espécie de drogadição. Também ela é a promessa de um caminho curto para o sonho de uma vida sem fraturas, sem vazio, nem sofrimento. Aquilo que vem sendo chamado de "consumismo" diz respeito à prática geral da fissura. Próprio das diversas classes sociais, a prática do consumismo não é apenas econômica, mas também estética em seu duplo sentido: de um lado, o consumismo é uma busca de sentido, de outro, é uma sensação. Sensação que se refere, por sua vez, a um efeito que é sentido.

Ao "estilo" que se restringe à pura provocação de efeito e sensação deu-se há muito tempo o nome de "kitsch". Como forma daquilo que deve convencer pela aparência quando essa mesma aparência é evidentemente falsificada, o objeto ou o efeito kitsch é a estética do capitalismo na sua forma mercadoria. Em outras palavras: isso significa dizer que toda mercadoria tem algo de kitsch na medida em que o dado do efeito é dela constitutivo. Na medida também em que todo efeito impõe uma dominação igualmente constitutiva da mercadoria. Nisso reside a esteticomania do capitalismo. Mania de imagem como mania da "superfície", mania no sentido amplo da loucura, de gesto repetitivo e compulsivo. O termo mania implica — se quisermos remontar à história filosófica, ele já aparece em Platão — um caráter delirante, um excesso, um estar fora de si. Esse estar fora de si é o que transforma a mania — que seria em princípio uma qualidade interna — na direção de um controle do olhar, pois quem quer ver gostaria de participar do que vê ou mesmo de controlar o que vê, do mesmo modo que evitar o que não deveria ser visto. Aquilo que podemos chamar de "esteticomania" é, nesse caso, análogo à "toxicomania". Drogas ilegais não podem obviamente ser comercializadas, o mundo do capitalismo vende apenas o efeito da droga nas "sobras", que são as mercadorias culturais industrializadas.

Nesse sistema, a estética é mais do que legitimação. Ela é a ordem a partir da qual tudo funciona. De um lado, temos a histeria — como nas temporadas das Lojas Americanas em liquidação — como exposição de uma angústia; de outro, a avareza como consagração entre o objeto e a consciência coisificada. A coisificação da consciência tem profunda relação com a proteção contra a angústia do pensamento. O shopping center é, nesse sentido, o templo onde o kitsch é cultuado, mas também o manicômio onde toda angústia é purificada, não apenas pela oferta da resposta pronta da mercadoria, mas pela eliminação da pergunta.

Erigido sobre um mar de coisas que só valem enquanto podem ser vendidas, seres humanos nele valem enquanto podem comprar. É nesse sentido que o kitsch vem a ser a reconciliação das contradições do capitalismo. Entre o gozo e o ressentimento, sujeito e objeto se com-fundem na intenção de suplantar a fissura original que constitui sua relação tensa. Como estética do resto, o kitsch não é o lixo, mas o que engana de sua natureza impositiva ao oferecer-se como coisa de bom gosto enquanto, ao mesmo tempo, declara sua descartabilidade na própria mercadoria que lhe vem substituir. Se é preciso comprar mais, comprar ainda outra coisa, esse gesto da compra não tem o estatuto do colecionismo, mas do caráter de lixo, de sobra, de resto daquilo que, ao ser comprado, já deve ficar para trás. Entre o trash e o luxo o kitsch é a miríade de potencialidades no quadro da descartabilidade geral. Entre a aparência e o preço já não é possível distinguir qualidade de quantidade. Daí que entre a caríssima mercadoria de luxo e a falsificação vendida a preço modesto não haja grande diferença. O luxo é o lixo naquele momento em que também ele não passa de desejo de efeito, mesmo que seja o efeito zero, o efeito pelo avesso, das lojas chiques que sequer mostram seus nomes nas fachadas.

Onirokitsch foi o termo cunhado por Walter Benjamin para falar do "caminho direto à banalidade" que prenunciava o conceito de Indústria Cultural de Adorno e Horkheimer. Benjamin falou de um sonho "adornado baratamente de frases feitas". Hoje podemos pensar dos shopping centers e na televisão, enquanto ele pensava nas passagens de Paris e no cinema. Substitutiva do sonho, a televisão é a principal máquina de produção do onirokitsch, que combina muito bem com as vitrines, ou dessa estética barata que é, ao mesmo tempo, a própria banalização da estética característica da sociedade do espetáculo e que mostra que o estético que buscamos é também a ocultação da fissura enquanto ela é eminentemente estética. A mercadoria mais simples que garante a sensação tanto de dentro para fora quanto de fora para dentro é o ornamento barato. Nesse sentido, a mania contemporânea na decoração, na moda, no mundo *fashion* em geral, serve para acobertar a angústia com o espaço aberto do sensível, o deserto do real onde teríamos de colocar o sonho verdadeiro, que chamaríamos de imaginação.

Por isso, o onirokitsch acha rapidamente seu lugar na violência da decoração de Natal dos shoppings e no espaço público das grandes cidades. Essa violência visual fissura enquanto vicia. Produz o triunfo da alucinação no tempo da miséria da imaginação. A realidade não passa mais da terra de ninguém onde a fantasmagoria, as sombras da imaginação colonizada e assassinada, vem reclamar seu lugar.

O espetáculo é a transformação do mundo em imagem. É o espetáculo que cria o que chamaríamos de "vício visual", se não estivesse em jogo muito mais a repetibilidade do "círculo vicioso" do visual. O que podemos entender como "dependência visual" foi bem demonstrado no filme *Videodrome* (1983), de David Cronenberg, sobre o qual escrevi em *Olho de vidro* — A televisão e o estado de exceção da imagem (2011). Lá a Igreja "Missão dos Raios Catódicos" oferece aos mendigos, aos renegados, o acesso aos tubos catódicos sem o qual as pessoas tornam-se párias no mundo do espetáculo. Como aqueles que têm fome, os renegados do mundo visual não têm o que "consumir" visualmente e sofrem de abstinência das telas. Cronenberg compreendeu bem a dependência fissurada dos telespectadores. A exclusão de um mundo "visual" explicaria a necessidade de fundar uma igreja para as pessoas viciadas e que o foram a partir de uma determinada experiência com o vício. "Videodrome" é a síndrome do vídeo. Ela surgiria da incorporação ao nível da percepção de um elemento que forçaria o desejo até as últimas consequências. Como uma overdose de vídeo, ou "doses maciças de vídeo", segundo a teoria do Dr. Oblivion (personagem que é o grande teórico do Videodrome), o cérebro humano teria sido remodelado a ponto de não poder viver mais sem aquilo que ele, de modo alienado, contempla. A fisioteologia de que fala Türcke em *Sociedade excitada* se confirmaria em toda a sua força nesse contexto.

Do telespectador diante da tela da televisão — como a personagem do filme *Réquiem para um sonho* (2000), de Darren Aronofsky, que se vicia em anfetaminas e televisão ao mesmo tempo — ao voyeurista que folheia revistas de pornografia, moda e decoração, ao usuário de roupas de marca ou que evita mostrar sua idade, o "vício visual" é o "círculo vicioso do visual" que define a esteticomania como "mania de ver" tanto quanto como "mania de ser visto". Podemos falar de uma sociedade viciada em percepções, ou que deseja emoções fortes. Mas o que chamamos sem mais de vício apenas esconde a profundidade daquela fissura para a qual é melhor não olhar. Quem quer ou precisa sentir demais talvez esteja anestesiado, não sinta nada. As hordas anestesiadas correm aos shoppings, aos shows, ao cinema, à TV a cabo, pagando caro pelas sensações como a única coisa que realmente possuem ou que sonham em possuir.

Mania do corpo perfeito ou a correção deturpada da fissura

Uma das formas mais conhecidas dessa esteticomania é a mania do corpo perfeito, o corpo sarado, aquilo que faz do corpo o capital, como diz a antropóloga Mirian Goldenberg. A esteticomania como fissura que tenta apagar a fissura do corpo se mostra na linguagem enunciativa da própria fissura. Quando dizemos "eu tenho um corpo" em vez de "eu sou corpo", não percebo que me torno um objeto para meu pensamento. Cada um pode falar do "meu corpo, do "seu corpo" ou dos "nossos corpos" como se entre "o que sou" e "meu corpo" houvesse um abismo. Falamos assim porque nossa linguagem constitui-se na tradição religiosa e filosófica que separa corpo e alma. Entendemos que o primeiro é um "objeto" extenso que pertence à última e que ela, a abstração, é de uma natureza diferente do corpo. Por fim, o que temos por meio desse processo é a objetificação do corpo, sua coisificação.

Vítimas da separação histórica entre corpo e alma, vivemos a ausência de experiência de reconhecimento do que somos. O ideal de beleza que nem sempre nos faz bem reflete o culto-sacrifício do corpo.

O que muitos chamam de "culto ao corpo" é muito antes um escamoteado sacrifício do corpo. O culto nasce de um sacrifício organizado quando o corpo tornado objeto é submetido à máquina. A ideia de um corpo submetido a uma sentença de morte que ele mesmo desconhece já estava à mostra no conhecido conto "Na colônia penal", de Franz Kafka. Uma versão profana daquela estranha máquina de escrever sobre o corpo que era também máquina de tortura está hoje na academia e na fábrica, onde operários continuam ignorantes da verdade que se lhes imprime no corpo. Mais difícil é perceber que o aparelho fotográfico ou a filmadora diante da qual os corpos exercitam o estranho "valor de exposição" ao qual se referia Walter Benjamin também realiza aquela forma de violência à qual corpos dóceis se submetem sem reclamar. O sacrifício que nos interessa entender no tempo do valor da imagem espetacular surge como negação do corpo por uma espécie de superação do corpo em imagem. O próprio corpo vivo submete-se não apenas à máquina, mas a uma máquina que faz dele imagem.

Essa conversão em imagem é a lógica do espetáculo. Ela implica uma lei em que ser fantasma de si é o resultado inevitável. Lei do não ser que explica a relação entre os indivíduos humanos e o Deus Capital, que só pode ser cultuado na forma da imagem. O culto é, na verdade, da imagem, o capital é a imagem, contra o sacrifício do corpo. A imagem é, nesse caso, capital e logro contra um corpo que se rebaixa e elimina.

Fica claro que na religião do espetáculo o culto ao corpo não cultua exatamente o corpo. Reduzido à ponte para o Deus Capital, o corpo que não pode se converter em seu suporte é sumariamente descartado e morto. Sob os "marombados" objetos de culto um processo de encarceramento é obscurecido: cada coisa é colocada em seu devido lugar na religião do Deus Capital, em que o corpo também tem a sua vez, como a morte que chega para cada um. Assim com o Cristo na cruz, com a mulher na pornografia, o pobre, o negro no gueto, o adolescente na escola. Antes o judeu e a histérica, hoje o palestino e a "gostosa". Porque reduzidos a corpos, cada macaco no seu galho, cada um no seu campo de concentração, se pode exterminá-los mais facilmente. Mas esse posicionamento, que só se dá no esforço da violência, só pode acontecer porque cada uma antes fora feita também imagem, ou seja, representação de algo sacrificável, como um bode expiatório.

Isso vem colocar em cena uma armadilha que recai sobre todos os indivíduos que creem que não sendo valorizados em sua imagem não terão lugar nesse mundo. Cada um, à sua maneira, ao ser transformado em imagem, participa do grande ritual de redução ao corpo. O corpo é o que é colocado no lugar de baixo, sob a imagem, suportando-a, mas apenas enquanto pode ser morto.

Fissura digital

Se toda fissura é estética, assim também é a fissura digital. A particularidade da fissura digital é a espécie de "adeus" ao corpo reduzindo nossa experiência sensível com o mundo à ponta dos dedos, aquilo que Vilém Flusser chamou de "homem sem mãos" é o estado atual de nossa experiência fissurada. Podemos dizer que a fissura digital define-se a partir de um velho e atualizado dualismo entre corpo e alma, nos tempos em que tampouco a "alma" tem lugar, já que ela perdeu o seu velho suporte, que, apesar de constituir-se em oposição a ela, ainda a preservava por obra dessa mesma oposição. O atual "adeus ao corpo", na expressão de David Le Breton (2011), não constitui uma valorização da alma, como acontecia nas filosofias antigas. As redes sociais constituem-se, nesse sentido, em comunidades de espectros: nem corpo nem alma. Pura efígie. Todos nós, que somos seus usuários, fomos capturados numa espécie de espelho em que a imagem deve ser mais do que nós somos. Todos são, nesse processo, dessubjetivados, descarnados para servir ao deus do efêmero travestido de eternidade ao qual damos o nome de virtual. Não é possível levantar o conceito de Vida Digital sem que se leve em conta a simbiose entre a tecnologia do computador, a criação do tempo-espaço pela tecnologia e a vida que lhe é externa. A partir daí é que podemos falar de uma fissura digital. Nela está a prova de que a estética vale como ontologia. A questão da vida digital, por sua vez, é já efeito da fissura entre corpo e alma encenada pelas filosofias racionalistas ao longo dos séculos e que culminam na experiência de totalidade tecnológica da vida em nossos dias. A fissura é também entre realidade concreta e o estatuto dessa outra estrutura de realidade à qual nos referimos como "virtual". O contato entre a vida externa ao computador e a vida propriamente dita não acontece senão em raros momentos. O que vemos, em seu lugar, é a captura da vida externa dentro dessa vida tecnológica, dessa vida "híbrida" entre máquina e humano que Vilém Flusser tão bem desenvolveu em sua teoria do "aparelho", no livro *Filosofia da caixa preta*. A fissura não representa apenas a captura de cada indivíduo reduzido a uma imagem sem corpo na vida dita digital, mas no vão entre as duas vidas, a captura pela relação com a coisa quando nenhuma relação na verdade ali se compõe, pois que os polos não se conectam, antes estão de antemão eliminados. Dizer digital é dizer que o meio eliminou os fins. É dizer que vivemos como espectros na pura relação em que os corpos são coisa do passado desde que podemos ser espectros.

SOCIEDADE FISSURADA

Mas o que assegura esse tipo de sistema em que se vive um sacrifício do corpo concomitamente à servidão à imagem que é também o sentido do virtual? Um filósofo como Flusser nos dirá que estamos submetidos a aparelhos e programas em cujo fundo jazem teorias científicas desconhecidas de seus usuários. Não é apenas a servidão à imagem o que está em jogo, mas a servidão ao programa. Se pensarmos no caso do programa de edição de imagens chamado Photoshop, no qual a correção do real na imagem é a função comum, teremos um bom exemplo. Ele é acionado a cada vez que um "erro" é reconhecido. Cartesianamente, o que fica claro é que tudo o que é errado no corpo pode ser corrigido na imagem. A novidade de nosso tempo é um vasto programa estético do qual o Photoshop é a tecnologia mais fascinante. Ela é litúrgica, pois nos promete a chance de alcançar a Imagem Correta desejada em toda Idolatria. Um feito teológico ao alcance de todos, já que o Deus Capital não tem erros.

Esteticomania é como podemos chamar essa mania de correção do corpo pela imagem que faz do corpo algo reduzido sob e que serve à imagem. Necessariamente corpos aparecem no mundo na forma de imagens, mas que a imagem seja uma medida de correção do corpo vem demonstrar o fato de que hoje nos contentamos em ser não mais do que espectros. E é esse desligamento e essa separação que caracterizam por fim uma Sociedade Fissurada tal como a vivemos hoje.

O prato rachado de Fitzgerald

Uma ontologia do corpo fissurado implica pensar essa subordinação — como uma sublimação perversa — do corpo em imagem. Uma ontologia do corpo fissurado necessita compreender o intangível do vazio universal de valência particular enquanto ele pode ser mais do que a palavra por meio da qual se enuncia. E é por isso que trabalhar com seu conceito, não para estreitá-lo, mas para poder atingir algo de sua variabilidade, é o caminho sincero da perspectiva que aqui tomamos como ponto de partida. Se o conceito se expressa em primeiro lugar por uma palavra, tomemos nota. A palavra fissura, usada em nosso dia a dia para falar de uma força tremenda que move a um desejo irresistível, remete em primeiro lugar a uma separação, a um corte, a uma quebra e, nesse sentido, a um estado anterior não fissurado. Fissura não se refere à diferença, nem à simples oposição. Ela é a fenda naquilo que Gilles Deleuze, em *Lógica do sentido*, chamou "ordem da superfície",[52] essa ordem do mundo que garante a organização da linguagem e a vida. Fissura é o novo estado em que algo *não deveria* ser se pudesse ter permanecido inteiro. Vemos desde já que compreender a fissura só é possível por tentativas de tangência. Deleuze é o único filósofo que tenta realmente compreendê-la e, para isso, se vale da literatura (assim como recorro ao cinema em busca das "formulações" da fissura, como veremos adiante). Balzac (*A besta humana*) e F. Scott Fitzgerald (*The Crack-up*) são seus exemplos principais. No primeiro, a fissura é uma espécie de falha essencial que o indivíduo carrega junto com os instintos, ao seu lado, como um dado hereditário que não transmitisse nada além de si mesmo.[53] A fissura é o vão por meio do qual o instinto consegue encontrar, por exemplo, o objeto álcool. É o furo, o orifício que faz escorrer o eu pelo corpo, como se o indivíduo fissurado não conseguisse se encontrar. Como se o "eu" se objetivasse em ferida. É por meio da fissura, dirá Deleuze, que surge o "vazio interior".[54] O seu destino é a "rachadura definitiva", cuja abertura sempre maior é promovida pelo instinto que se torna "alcoólico", por exemplo, a partir da fissura. Entre instinto e fissura há uma circularidade, uma participação. E Deleuze dirá por fim que ela é o instinto de morte, diferente de todos os outros, porque é aquele em torno do qual os demais se situam enquanto tentam

---

[52] Gilles Deleuze, *Lógica do sentido*, p. 160.
[53] Ibidem, p. 334.
[54] Ibidem.

ocultá-la. Mas o que tenta ocultar a fissura e, por um instante, a preenche são os "gordos apetites", ou aquilo que ele chamará "vontade trágica que preside todas as ingestões".[55] Mesmo assim, não se consegue a partir dessa leitura de Deleuze dizer que a fissura esteja no desejo, que ela seja uma quebra no desejo. Ou, ao contrário, que ela seja um grande ou funesto desejo, sua exacerbação ou seu descontrole. Antes a fissura parece muito mais uma impossibilidade de constituí-lo, um lugar onde não é a falta que constitui o desejo, mas o desejo que falta.

Em outro exemplo, Deleuze fala de Fitzgerald. Em sua análise, tanto no caso de Zola quanto desse outro escritor, a característica da fissura é que seja "silenciosa". Lendo *The Crack-up* — que traduzimos por racha, ou até por colapso, e que Deleuze toma como fissura — ele dirá que a fissura é, em primeiro lugar, ideal e incorporal. Que demarca, assim, uma fronteira: nem um dentro nem um fora. Até que, no andar de seu próprio processo, ela se encarna na "profundidade do corpo" enquanto ao mesmo tempo se estende sobre uma superfície. Assim, ele perguntará "como ficar na superfície sem permanecer à margem?"[56] Talvez, podemos tentar responder, é que sendo a fissura a criadora da margem, ela é a abertura do abismo, do vão, de si mesma, portanto, numa autorreferência inescapável. Se a superfície é o que pode ser compartilhado, a fissura é o incomunicável. Daí a dificuldade de falar dela que não seja tentando abrir a metáfora que ela mesma é. Como que pôr o dedo em uma ferida.

---

[55] Gilles Deleuze, *Lógica do sentido*, p. 160.
[56] Ibidem, p. 161.

A visão de Deleuze é impressionante e o texto de Fitzgerald que o extasiou o é igualmente ou até mais. Se a visão de Deleuze sobre a fissura de Fitzgerald é filosófica e literária, a exposição de Fitzgerald é literária e filosoficamente muito intensa. Porque se os "teóricos" que falam sem experimentar são criticáveis diante do abismo do objeto que é a fissura (não apenas o abismo enquanto objeto, mas um abismo do objeto, não apenas o nada com o qual se depara e no qual se tenta colocar um substituto, mas o nada localizado na coisa, um nada que se poderia desejar, almejar, se não fosse um nada com o qual se estabelece uma relação imediata, sem desejo, fora do campo do desejo), Fitzgerald é o fissurado que ao mesmo tempo teoriza sua fissura. Ele sente e pensa e expressa o que pensa e sente. Ele é o testemunho, que foi pego de surpresa até que, dando a volta sobre si mesmo, surpreende o que o surpreendeu ao perceber o estatuto de sua relação. Fitzgerald fez teoria porque ele viu a si mesmo e podia distanciar-se de si. Seria isso o que Deleuze queria dizer quando falou de uma idealização da fissura? Essa captura pela ideia? Essa tentativa de representá-la? Ao definir a vida como um óbvio processo de ruptura, Fitzgerald universaliza a fissura. Com a diferença de que uns saberão que ela faz parte da ideia, do que se pode pensar, e do que, em sendo pensado, é assumido, vivido, realizado. Outros não poderão saber. E essa ausência de saber fará toda a diferença. Mas isso é claro para quem, senão para a figura do filósofo maldito que consegue ver-se a si mesmo como o sujeito de uma experiência comum que só se torna incomum pelo pensamento reflexivo? Daniel

Lins, por sua vez, em seu livro sobre o álcool, falará da experiência etílica de Deleuze. Ela é, de certo modo, a mesma de Fitzgerald. A de quem consegue surpreender o que o surpreende.

Assim, quem está livre da fissura? Quem pode entender seu significado enquanto ela não é o desejo do que falta, nem o desejo da falta, mas muito antes a chance de uma falta do desejo, ao qual o sujeito se relaciona de modo apenas lateral, como que vitimado por um efeito? Por isso é que não se pode dizer que é o álcool que fissura, antes a fissura, como uma espécie de buraco na intencionalidade, aquilo que em nós tende a algo fora de nós enquanto nos carrega junto, é o que procura o álcool, ou, mais ainda, que simplesmente o encontra.

Na exposição de Fitzgerald a fissura não é o fruto de um mero golpe externo, antes ela é aquela espécie de golpe interno capaz de modificar alguém para sempre. Disso derivam ações diversas e a corrida em busca de um substituto não é simplesmente uma regra, pois que um fissurado legítimo, digamos que do mesmo modo que um "fóbico", faz flutuar seu interesse por objetos justamente porque ele não escolhe. No lugar da escolha está antes, ou ao mesmo tempo, um ser escolhido. E o que o escolhe é a forma que o contém, o útero no qual ele se aconchegará, com o qual será mimetizado.

A fissura é, então, como algo que tendo acontecido a quem lhe serve de suporte é como uma morte de si mesmo, com a qual o próprio morto terá de conviver em vida. Na posição de um morto vivo. Como alguém que encontra na metáfora de um prato velho a verdade do seu aniquilamento interior, da sua fratura (*crack*), enquanto não consegue pensar que ela poderia não lhe pertencer, que antes tivesse ocorrido em algum lugar onde rachaduras acontecem, como no Grand Canyon, tal como sugere ao narrador de *The Crack-up* a moça que o quer consolar. Mas ele relaciona a si mesmo, se identifica com a única coisa que lhe resta de subjetividade, a consciência de que a identidade não existe senão na forma de um prato velho. É nele, nesse antiespelho, que o fissurado se vê, e não no Grand Canyon, pois que a única realidade que o invade é imediata, tangível, estranhamente objetiva, ainda que tenha acontecido nesse lugar incerto da interioridade. O que é um prato rachado senão uma superfície sobre a qual nos "perguntamos se vale a pena conservar?"[57]

Noutro registro, talvez seja essa posição do prato velho que explique outro fissurado, o trágico personagem Tony Montana do filme *Scarface* (1983), de Brian de Palma, cujo desejo se resume a "ficar rico e feliz", "ter sexo e drogas" e, para completar o conjunto de sua vida realizada e perfeita, estar "chapado" (*stoned*). Nesse caso, a gíria brasileira que usamos para traduzir *stoned* revela bem o estado daquele que se torna a pura superfície. Mas ela não dura muito. Tony Montana tem uma cicatriz no rosto como marca, mas também emblema de uma forma de vida que, naquilo que Deleuze chamou a "ordem da superfície", não pode ser restaurada senão sob a memória dessa restauração. Digamos que Montana seja subjetivamente morto enquanto é ausente de reflexão porque esteja

---
[57]Gilles Deleuze, *Lógica do sentido*, p. 78.

SOCIEDADE FISSURADA

"chapado": fissurado em drogas, dinheiro, sexo. A fissura se apresenta nele, no entanto, de um modo peculiar, ela está marcada pela cicatriz, cobertura sobre abertura, evolução da fissura pelo fechamento. A cicatriz é simbólica de um enrijecimento de sua própria personalidade moldada para o crime sem culpa. Chapado é, nesse caso, aquele que, tornado superfície, não tem vazio senão como algo que se guarda como uma memória, uma marca. Assim, por meio dessa marca é que ele ilude que tem desejo, que é dono de si e pode escolher a vida que tem. E o que é a cicatriz senão o que, mostrando algo do passado, ao mesmo tempo engana que ele não esteja presente?

Abertura sem saída: ferida

Daí que o fissurado precise de um lugar: seja a clínica de morfina, o bar, a "cracolândia", seja o shopping center, a igreja ou até mesmo a biblioteca do intelectual, ou simplesmente a tela do computador no tempo das redes sociais. Há, no entanto, uma diferença fundamental no regime da fissura e os demais: a relação com a destruição, que é sempre uma relação com a ordem do mundo. Daí que a fissura remeta ao vício, ainda que haja fissuras que não sejam compreendidas como vícios, nem muitas vezes sejam vistas sequer como excessos: as que envolvem produtividade. A produtividade jamais é julgada como excesso de um ponto de vista moral, como se estivesse isentada de julgamento por um valor intrínseco que é sustentado no regime econômico. Ninguém compreenderá que o operário, o trabalhador que tem dois empregos e trabalha mais de 16 horas por dia está "viciado" em trabalho. No entanto, assim como o viciado em heroína ou o cocainômano entrega sua vida à substância, o trabalhador a entrega ao seu patrão, à empresa onde atua. Também ele perde seu tempo de vida, também ele não pode realizar-se em outro sentido.

O que, afinal, chamamos de fissura? Aquilo que destrói física e emocionalmente? Poderíamos dizer isso do trabalho? Estamos falando de que ordem de destruição? A da rachadura escancarada do sujeito que se entrega sem medidas ao crack ou à heroína, a do alcoolista, a do louco por sexo, a do comedor compulsivo, a do deprimido que parece estar longe de toda intenção para com a vida? Que vida? A vida dos outros, é sempre bom lembrar, porque essa é a medida que permite a análise desse tema, tanto quanto exige sua crítica.

Essas questões referem-se, na verdade, a uma só: podemos pensar a fissura fora da moral? É obrigatória a sua conexão com o vício? Haveria entre o vício e a fissura uma relação de causa e consequência? Se retiramos a fissura da moral, não teríamos de dar razão à abertura sem saída que ela significa? Mas o que a contradição de uma "abertura sem saída" tem a nos dizer? Não seria o nosso medo de enfrentar o mal pelo escamoteamento das questões o que não nos permite ver que a fissura está para além da moral, assim como a oposição Eros e Thanatos estabelecida por Sigmund Freud, que pode sempre nos ajudar a entender o destino subjetivo e social, não se submete a um julgamento moral? Em outras palavras, sempre podemos julgá-la moralmente, mas o fato de que não se encaixe em nossa compreensibilidade não a destitui de um sentido outro ainda não alcançado por nossas filosofias. Existem fissuras que não destroem fisicamente nem psicologicamente, existem fissuras que fazem inventar a vida tal como está estabelecida nos arranjos do sistema econômico e social, aquelas que provocam progresso, o que faz entender a função do capitalismo em nossa sociedade. Mas também aquela pela arte, pela investigação, pela invenção. Ou será que só podemos falar de fissura quando a coisa ameaça desmoronar, mas desde que a vejamos, desde que "pareça" na iminência de desmoronar? Nesse caso, o conceito de fissura não deixaria de ser uma medida moral, pois que por meio dela se mediria sempre o binômio bem e mal.

Como medida metafísica, no entanto, a fissura implica, de fato, um encontro com algo que chamamos de a tradição filosófica de ser. Isso quer dizer que quando se recorre a uma substância não se trata apenas do fato de que o corpo encontrou um prazer, embora o tenha encontrado e com ele as vicissitudes do desprazer inevitável nas crises de abstinência, nem que o sujeito tenha encontrado um sentido, muito mais é que o indivíduo encontrou um lugar, um ambiente onde aconchegar-se, onde ele pode libertar-se de toda a mediação e ficar no totalmente imediato. Nas palavras de Adorno, mimetizado ao morto. E isso não porque ele precise se sentir livre, ou ter algum prazer ou desprazer, mas simplesmente porque foi tomado pelo nonsense sobre o qual ninguém conseguirá argumentar racionalmente que não seja o nonsense próprio deste mundo sob os limites da compreensão humana. A superabilidade do nonsense depende da invenção de cada um. E é justamente isso o que se impede quando se aniquila, por meio de estratégias de poder, as individualidades em nome de população, das massas ou de uma ignominiosa ideia de totalidade que visa apenas a sua autoconservação. Em 2004, publiquei um livro chamado *Filosofia cinza* (Editora Escritos). Nele há um capítulo com uma reflexão sobre a "ferida" que, naquele momento, se apresentava a mim como uma grande categoria capaz de explicar o mundo. Também naquela construção só pude trabalhar em termos metodológicos com a literatura, o cinema e a metáfora. Naquele caso, o próprio texto do capítulo era a coisa, apresentado como "fratura". O texto era o morto, na estrutura do livro, a interrupção, a ferida grafada como um desenho. E, no momento daquela argumentação, a grande ferida se fez a grande descoberta do próprio livro, ela era o "eu", mas era também "eu", a narradora reflexiva que se apoiava em sua própria experiência. Naquela época, eu não conhecia o texto da fissura de Deleuze, desse filósofo conhecia apenas o texto sobre Leibniz e a borda, e de um modo muito ligeiro. Composta de "núcleo vazio e borda", a minha ferida parece-me hoje muito com a fissura deleuziana, ainda que as imagens da ferida que eu conhecia naquela época viessem antes da história da arte, do teatro de Beckett, de Nietzsche, de Jean Genet, de Jean Cocteau, de Adorno, de Barthes, de Kafka. Não pretendo retomar a *Filosofia cinza*, pois o interesse do livro era naquela época muito mais fundar uma filosofia da escrita. Hoje, no entanto, vejo que a escrita seria a demonstração da fissura, não o seu acobertamento por novas e outras fissuras que, disfarçadas de desejo, fingem que a vida continua. Gostaria, por isso, de demarcar que a fissura de que falo hoje se parece muito com aquela ferida, uma ferida silenciosa que ao mesmo tempo fala. Com a diferença de que o que na ferida era expressão, na fissura é pura encenação, ou ostentação de um espectro de desejo. Como naquela época, ainda é relevante o que diz a estátua no filme *O sangue de um poeta* (1930), de Jean Cocteau: "Pensas que é simples livrar-se de uma ferida tapando a boca da ferida?"[58] Talvez seja isso que a má psicanálise, a má psiquiatria, aliadas à moral, tenham tentado até agora no caso da fissura. A literatura é, neste momento, a única arte que interrompe a rachadura no instante mesmo em que é capaz de olhar para ela sem medo e dar-lhe um lugar digno de verdade, e não de disfarce.

Assim, o que seria dizer algo da fissura quando o método que temos é apenas o da reflexão? Atingir seu sentido implica entender seu estado: um dentro-fora, um fora-dentro. Como a ferida. Como um corte que se estende no vão abrindo a superfície, rompendo o osso. E que não se sabe como foi gerado. Da fissura pode surgir a cicatriz, que não é o fim da ferida, nem o fim da fissura, mas sua memória sob o desejo de que tivesse desaparecido. O fecho da fenda que elimina a fenda, cobrindo-a sem superá-la. Do que foi ferido, só podemos entender que um dia seja o cicatrizado. Mas ao dizer isso, estamos dizendo o quê? Que uma fissura é uma metáfora para explicar tudo o que se rompe? Que ela é um momento do corpo?

A fissura é essa ferida e é aquela rachadura fitzgeraldiana. É, do mesmo modo, a porta aberta que não pode ser ultrapassada, como no conto "Diante da lei", de Franz

---

[58]Marcia Tiburi, *Filosofia cinza*, p. 198.

Kafka, no qual o desenho da fissura surge em outra imagem conceitual. Nesse conto, o camponês que deseja entrar na porta da Lei é barrado por um porteiro. Ele passa a vida diante da porta, sendo impedido de entrar até que, velho e à beira da morte, decide perguntar ao porteiro por que afinal ninguém além dele tentou ultrapassá-la durante todos esses anos. O porteiro, nas palavras de Kafka, "percebe que o camponês está no fim e para ainda alcançar sua audição em declínio berra: — Aqui ninguém mais podia ser admitido, pois esta porta estava destinada só a você. Agora eu vou embora e fecho-a". Se entendemos esse conto como uma alegoria da fissura, antes ferida e agora porta sempre aberta na qual o fissurado é impedido de entrar, vemos que a impotência do personagem remete a um uso da vontade que deveria ter acontecido e que, no entanto, permaneceu impraticável. No entanto, não se trata de um desejo fraco que o impede de agir, mas de um desejo tão tremendo a ponto de fazer com que o camponês dedique a ele sua vida inteira. O caráter impossível de sua realização implica o posicionamento do homem que, não por qualquer sorte de escolha, mas por aprisionamento no próprio desejo, não imagina outra possibilidade. Mas a questão é mais do que falta de imaginação, pois mesmo que essa seja a explicação, ela mesma tem uma origem. A entrega ao medo violentamente proposto pelo porteiro é, ao mesmo tempo, um posicionamento do desejo que surge não de si mesmo, mas da coisa, no caso a porta e o porteiro, com o qual ele se relaciona. O medo surge de um simples sinal de que as coisas são assim, e não de outro modo. Ele é provocado pelo porteiro e com ele se desenha o lugar do

SOCIEDADE FISSURADA

desejo como um possível-impossível em que não está mais em jogo a necessidade, mas sua ultrapassagem impotente. O desejo, nesse caso, é o desejo do outro apenas enquanto é resultado de um processo de dominação, e não sua negação. O outro é mais do que mediação, o outro é o dono e senhor de meu desejo. O porteiro é quem inventa o medo na ameaça de que ele seja apenas um dos tantos porteiros terríveis que o possível invasor terá pela frente. O camponês vive da impossibilidade de entrar que é, ao mesmo tempo, possibilidade de entrar, o porteiro vive igualmente da impotência do camponês que é, ao mesmo tempo, alimentada por uma potência. A potência é impotente sem deixar de ser potência justamente porque, no fundo, o ato de não poder entrar numa porta aberta significa estar dentro.

O que isso tem a dizer sobre a questão da fissura nas suas formas de efetivação mais conhecidas em que certo apoio parece implicar o indivíduo fissurado para sempre? Que o fissurado é sempre impotente diante do poder da fissura porque está desde sempre dentro dela, mesmo quando se encontra fora. Cancelado subjetivamente ou subjetivamente deturpado, o indivíduo fissurado vive no ainda não, no agora não, e, no entanto, na total expectativa que se realiza como desespero: a esperança quando não há o que esperar, a esperança por qualquer coisa. A relação com a fissura é, nesse caso, a de dois poderes, de duas forças que se comunicam numa espécie de incomunicabilidade cuja verdade é posta ao fim do conto como um poder-ser perdido para sempre.

Rebaixamento e deturpação do desejo

A fissura escamotearia o desejo, redesenharia o desejo ou, de fato, o eliminaria? Gostaria de retomar aqui o tema sinalizado há um tempo de uma deturpação do desejo pelo seu rebaixamento à necessidade. Se tomamos o desejo humano como na visão de Alexandre Kojève,[59] por exemplo, como o contrário da necessidade, pois que o desejo não é o desejo da coisa, mas o desejo do desejo, ele seria a força que opera o movimento para trazer de volta o que foi separado na contramão da religião. No caso, o outro como aquele que vem me reconhecer, ou a coisa de que necessito como mediação do outro. Mas é possível falar em desejo em uma sociedade ela mesma fissurada? Quem habita a fissura teria chance de habitar o desejo? São esses dois mundos que se trata de entender e tentar religar? Não seria, na verdade, justamente o desejo, como aquilo que

---
[59]Alexandre Kojève, *Introdução à leitura de Hegel*.

nos liga ao outro, o que nela foi aniquilado? Ou a fissura seria o que vem mostrar a caminhada histórica do desejo em seu processo de autoaniquilação, provando que o devir humano não é mais do que a fissura de um vaso rachado e que o caminho do progresso no qual acreditou prosseguir não passa de ilusão espetacular? A expectativa sobre o desejo como salvador da pátria não nos impediria de ver nele a própria formulação da fissura como impotência, como quebra? Não é o desejo justamente o que inaugura a clivagem radical da qual o ser humano não pode livrar-se desde a queda, desde a linguagem, desde que inaugurou a pática paixão de ser enquanto ao mesmo tempo desistiu dela? Não seria próprio do desejo o ato de lançar aquele que habita um lado da superfície fissurada ao outro lado dessa mesma superfície fissurada, o que nos resta apenas sob a forma de uma esperança ou uma promessa?

O conceito de fissura que nos interessa elaborar aqui parte do caráter coletivo do desejo. Podemos dizer que a formulação gestada em Hegel, nascida em Kojève e amamentada em Lacan, de que "o desejo é o desejo do outro", pode ser substituída pelo conceito de fissura. O modo fissurado de ser se mostra nas corridas históricas modernas às compras, à boa forma, ao sexo, ao corpo perfeito, a Deus, às drogas. Fissura é o modo tremendo do desejo que aniquila toda a humanidade desse mesmo desejo, devolvendo-o não à animalidade, mas a uma espécie de in-humanidade desconhecida antes do capitalismo. Fissura é, nesse caso, um nome para explicar a nova barbárie, aquela que não precisa de nenhuma violência que não a simbólica, a que se planta sorrateiramente pela propaganda em um mundo tornado mercadoria. A mercadoria contempla a lógica da fissura enquanto ela se oferece como o tapume, a superfície que oculta algo, ou seja, a rachadura. A fissura é, por isso, essa rachadura ocultada. Os motivos da fissura são inextrincáveis, sua ontologia é o mistério que implica a impossibilidade de explicá-la cientificamente, mesmo que se encontrem métodos paliativos para tratar de seus sintomas.

Assim, entender a fissura implica levar em conta a falência interna própria ao modelo do capital, mas é preciso também compreender sua amplitude como valor impessoal introjetado na esfera pessoal. O capital é finalmente o Deus feito humano na era da eliminação das perspectivas que desejam algo de outro modo também "humano". Mais do que a abstração que governa o mundo, o absoluto que corresponde ao absoluto da droga, o capital é o véu que esconde o buraco, a quebra que esconde a quebra, o que se oferece em seu lugar.

As instâncias ética, política e estética se entrelaçam na questão da fissura, que não se restringe de um ponto de vista filosófico ao problema "dos indivíduos viciados em drogas", ou da "adicção", que veio substituir o termo vício, ou mesmo da "dependência" de drogas. Se o vício e a droga são questionados desde sua fundação moral, o que vem dizer a fissura? O sentido do pensamento e da ação humanas diante de uma espécie de "adicção" de todos, da universalidade do vício, não resolve o problema pelo ato mágico de uma transferência do particular para o geral. Não se trata de, com a busca pela compreensão da fissura, tentar medir um comportamento em sentido genérico que traduziria a adicção ou a dependência como fato inconsciente que está no cerne de nosso modo de vida capitalista. Essa seria uma boa tese, mas coerente demais com uma simples condenação do capitalismo — com a qual eu compactuo particularmente — e que, no entanto, não me parece responder à complexidade e à tensão interna ao conceito de fissura enquanto ele é dado constitutivo da experiência humana em que capitalismo e religião parecem unificar-se. Quero dizer: o capitalismo torna a vida algo da ordem de uma "droga", enquanto ela poderia ser uma droga também sem ele, desde que a religião estivesse presente. O espetáculo é o resultado do capitalismo, que, por sua vez, é resultado da religião. O dispositivo das drogas nada mais é do que o efeito desses efeitos, o resultado desses resultados, que tem como objetivo a conservação de si mesmo.

As pessoas estão fissuradas porque introjetam a fissura do sistema em si fissurado. Embora essa ideia seja suficiente para sustentar uma primeira definição de fissura, trata-se de entender a condição humana, que, no estado de fissura, cria uma sobrefissura. Que estado é esse de fissura que morando em mim explica o todo e explicando o todo me deixa sem chance de dele me esquivar? Será a fissura um estado da alma, para falar com Aristóteles, que, na contramão da virtude da felicidade para sempre perdida, me encaminharia, junto com o sistema social que me condena, à autodestruição?

Dizer o que não se deixa dizer

No processo de escrita deste texto, a questão do silêncio assumiu uma dimensão fundamental. Aquele que, fazendo teoria, fala das drogas não colabora na constituição do grande silenciamento a que estão submetidas? Ao mesmo tempo, não é a porta aberta pela teoria que convida e exige o direito da fala? Nesse sentido, cada um que cuidadosamente se interesse por elas, mesmo não sendo usuário (pelo menos em sentido vulgar), não tem o direito de pronunciar-se, sobretudo quando sabemos que a teoria que mistifica também tem o poder de desmistificar? Tal é o cenário ocupado por todos os que se debruçam sobre esses reinos. Se usuários de drogas são os que menos falam delas, enquanto são julgados pelo dispositivo moral, legal e científico em vigência na linguagem estabelecida que impede a fala dos implicados, cabe perguntar sobre a legitimidade daqueles que falam sobre ela enquanto não estão nelas. Justamente por isso, outra pergunta se interpõe com a força de uma contradição revelada: quem nunca pertenceu a esse reino? Marcelo Mayora é quem afirma que a criminalização das drogas silencia as pessoas que as usam.[60] A fissura não está, se levamos a sério esse argumento, no desejo da droga, mas no silêncio que o senso comum, em aliança com a ciência e as teorias em geral, impõe sobre a experiência de quem as usa e ao entendimento lúcido sobre seu lugar social. Isso faz com que essas pessoas que usam drogas configurem o que Gilberto Velho, no seu estudo nos anos 1970, chamou de uma "categoria oprimida".[61] Mas quem poderia falar da fissura — e do vício e das drogas — senão quem a contempla, usando drogas ou não? Não querendo cair, portanto, em certa "indignidade de falar pelo outros", conforme o comentário feito por Deleuze em um diálogo com Foucault,[62] me parece que o papel do teórico, do escritor, do filósofo, seja ele usuário de drogas ou não, é o de dizer o que não se deixa dizer. Nesse caso, cabe perguntar: de que fissura falamos? Quem habita a fissura, onde surge e até onde se expande essa imagem da fissura a ponto de que possa ser expressa? Lembro Adorno dizendo que a tarefa da filosofia é justamente tentar dizer o que não se deixa dizer e do livro de Rodrigo Duarte que avança na exposição de uma filosofia da expressão.[63]

---

[60]Marcelo Mayora Alves, *Entre a cultura do controle e o controle cultural: um estudo sobre as práticas tóxicas na cidade de Porto Alegre*, p. 49.
[61]Gilberto Velho, *Nobres e anjos: um estudo de tóxicos e hierarquia*, p. 15.
[62]Michel Foucault, *Microfísica do poder*, p. 72.
[63]Rodrigo Duarte, *Dizer o que não se deixa dizer: para uma filosofia da expressão*.

Se o trabalho de estabelecer conceitos criticamente tem a urgência de uma vida que precisa ser salva, a fissura não é somente o que o ato de teorizar vê ao longe, mas o modo de tocar o cerne da experiência enquanto ela se dá ao trabalho do conceito.

Os limites do campo da teorização contrastam com seus avanços. É a arte, contudo, que traz ao campo da linguagem a promessa da expressão dos silenciados. Desde o livro e do filme sobre o personagem real *Christiane F.* até um documentário como *Falcão, meninos do tráfico*, o que vemos é o esforço consistente do testemunho de dizer o que não se deixa dizer. Certamente os relatos confessionais ou baseados em fatos reais revelam aquilo que os estudos sociológicos e antropológicos vêm explicar à medida que definem conceitos antes impensados. A ficção, por sua vez, baseada ou não em fatos reais (tomo como exemplo o filme *Diário de um adolescente* [1995], de Scott Kalvert), funciona como um revelador audiovisual de questões vividas a todo momento pelos indivíduos implicados no fato universal da fissura.

No entanto, se levo a sério a diferença entre o uso das drogas e a fissura, é que posso compreender que as drogas estão ambiguamente em nossas vidas, estabelecendo pontes entre o reino dos drogados e dos não drogados a ponto de uma indiscernibilidade tocante. Mas, ao mesmo tempo, é por isso que posso pensar que a fissura não se reduz ao que sua experiência oportuniza. A autodestruição chocante socialmente que se verifica quando um usuário de drogas vai às vias da morte não é, nesse caso, um fato derivado apenas do uso das drogas. A droga é também uma mediação para a morte quando nesse ponto se faz fim em si, mas não só. A autodestruição é uma potência da vida que encontra seus meios diversos na própria vida, à qual são inerentes as estratégias da morte. A droga pode ser uma dessas estratégias, mas não é, de modo algum, a única. A fissura está além das drogas.

A essa potência de autodestruição é que se deve dar o nome de fissura, não porque ela possa representar um universal ou um transcendental ou algo de natural, mas porque ela revela o estado da corporal e desejante subjetividade humana nos tempos da experiência vivida no desespero. É esse desespero que implicará a busca de hiperestimulação. Pois que a fissura é mais do que um descontentamento ou a sensação da falta, é a sinalização de um buraco sem fundo, no qual se pode colocar qualquer tipo de substância ou de verdade. A estimulação é a tentativa de tapar o buraco do nonsense que o desesperado conhece em seu próprio corpo, não necessariamente em sua fala. E já é a prova de que a vida perdeu algum sentido antes mais imediato, mais fácil de encontrar, mais à mão em tempos em que Deus, a Moral, a Ordem, a Lei eram como que mais disponíveis e os seres humanos pensavam menos acerca de si mesmos ou tinham um lugar possivelmente mais seguro onde habitar. Pode ser que esse "antes" não seja mais do que ficção e fantasia e as coisas não tenham mudado realmente e a fissura seja, além de tudo, atemporal.

Quem poderá, a partir daí, falar da fissura? Ora, cada um que se sinta apto a expressar-se de dentro dela ou quem, ao se debruçar sobre ela, sinta-se identificado com a questão. A fissura é algo que se cria no silêncio, que não se fecha e não se cura, mas que se pode cuidar. Nesse ponto, justamente aí, no ato mesmo de pensar a relação entre vício, drogas e fissura, é que se reforçou a ideia que vem se construindo na experiência desta escrita (ela mesma fissurante): que eu mesma, que ora escrevo, vivo no ponto onde toda expressão falta; a fissura é para mim esse não objeto com o qual nos deparamos na vida e que nos levará ao uso de substâncias, inclusive aquelas que chamamos vulgarmente de "drogas", ou a outras formas de vazio, considerando que esse vazio está sempre em dialética com o seu oposto, o cheio, com a sensação de plenitude com a qual entendemos a felicidade ou com a sensação de que algo nos sobra e que isso que sobra surge como o paradoxo de uma falta transbordante, como quando experimentamos a angústia, o desejo de alguma coisa da qual e sobre a qual nada se sabe. Sendo que as drogas não necessariamente compõem com o vazio, nem com a autodestruição. A questão da autodestruição pelas drogas é ela mesma de certo modo falsa, se olhamos para as drogas a partir do dispositivo de poder que nomeia como lícitas ou ilícitas as substâncias em geral e como drogas certa sorte de substâncias que em nosso tempo são marcadas no senso comum (alimentado pelas ciências) como nefastas. Aquele que se destrói pelas drogas é, na verdade, destruído pelo sistema que as constitui em mecanismos perigosos, num jogo de poder perverso em que o sentido das substâncias é pervertido e convertido na direção de interesses do poder e do capital.

O excesso do uso de substâncias (seja o álcool, a cocaína, o açúcar ou qualquer outra) que leva à embriaguez, à overdose ou a doenças em geral e que serve para preencher um "vazio" e garantir um "prazer imediato" não é algo falso em si. Qual seria o problema de um "prazer imediato"? Dizer "prazer imediato" é um problema, porque imediato aqui não é mais do que "alcançável" ou simplesmente "disponível". Podemos dizer que se trata de uma das modalidades do "mal" em nosso tempo, para cuja verdade devemos estar atentos. Porém, em relação ao mal, toda interpretação é miserável, toda tentativa de explicar o sujeito usuário é precária, talvez porque seja no uso que as pessoas têm a maior chance de dessubjetivação. Mas quem suportaria ser "sujeito" o tempo todo? O que é, afinal, esta figura a que chamamos "sujeito" quando ninguém mais parece querer se ocupar dele? Sujeito é o suporte da fissura que nele está sempre ocultada.

É preciso, neste ponto, voltar com força a atenção a essas duas questões, que, neste texto, podem se tornar recorrentes. Tanto a expressão "vazio" como a "prazer imediato" são usadas muito rapidamente no contexo do vocabulário que sustenta o senso comum. Senso comum, vale dizer a cada vez, é aquele território simbólico-prático em que certas verdades são estabelecidas orientando o pensamento possível até a eliminação de toda crítica. No entanto, não há apenas inverdades no campo do senso comum. Ao contrário, nele as verdades são calcificadas, tornam-se gastas e envelhecidas e, por isso mesmo, tão habituais que não conseguimos deixá-las de lado. Encaramos as novidades, muitas vezes, como a verdade apenas porque parecem novas. Nos interessamos por elas como por móveis e roupas novas, ou por um computador de último tipo. Também as verdades "fissuram". E, por isso, não conseguimos largar delas. A expressão da fissura precisa levar em conta a fissura na verdade como fissura no senso comum.

O trabalho do conceito é contrário ao senso comum e seria o caminho para a expressão da fissura que aqui buscamos. Essa tem sido uma dificuldade essencial no que tange ao tema do vício e das drogas, cuja compreensão vulgar e cujas políticas públicas são orientadas por compreensões e incompreensões e por toda uma luta pela "verdade" típica do uso que a moral e o poder fazem do discurso. Somente a compreensão do conceito de fissura poderá nos tirar do lodo discursivo no qual estamos todos lançados. Se a função do conceito é iluminar a realidade, permitindo a ação, é estabelecer nexos entre aspectos que na via concreta parecem incompreensíveis, é porque ela se opõe ao discurso como uso repetitivo da linguagem como mera arma de convencimento e submetimento do outro. O trabalho da teoria partilha, nesse sentido, o tema da fissura de um padecimento: o de incompreensão. E, no entanto, é apenas o próprio trabalho cuidadoso e delicado da compreensão que pode combater esse vigoroso inimigo. A questão participa de uma circularidade construída com sua própria abordagem: a cisão entre teoria e prática, no sentido do desencontro sempre reproduzido entre elas, é já uma forma de fissura que um único texto não solucionará simplesmente.

Se a fissura é, em primeiro lugar, uma questão conceitual, isso quer dizer que, antes de ser um problema psicológico, sociológico ou psiquiátrico, ela se coloca como problema de pensamento e, logo, de reflexão, ou seja, de pensamento sobre o que e como se pensa. Em outras palavras, como podemos pensá-la considerando que o ato de pensar sobre ela apresenta limites fundamentais? Fato é que o problema da fissura é relativo à experiência social que se tem com ela. Não existe experiência social descontaminada dos discursos que formulam visões dos objetos que podem ser usadas por todos e que se tornam ideologias na medida em que são a falsa consciência que no campo do senso comum todos tomam por verdadeira. A experiência social é marcada por certo uso do pensamento ou por sua ausência. Se a palavra nasce no campo do senso comum que usa o termo fissura como gíria — ainda que, nesse caso, com toda sua potencialidade epistemológica implícita — e sofre todo o seu limite em relação ao espaço vazio onde o pensamento reflexivo não alcança, isso implica ver onde ela é o impensado, que irrompe como expressão, e o que ela pode nos dizer desde seu fundo obscuro.

Começamos a pensar e já encontramos o obstáculo da experiência pessoal ao qual é preciso sempre retornar. Podemos falar da fissura sem senti-la? Falar dela conceitualmente é tentar traduzir um afeto. E sobre afetos conceitos podem dizer pouco. Poetas exprimem seus afetos, a linguagem humana feita de palavras e gestos tenta sinalizá-los. Ora, quem é capaz de estabelecer um conhecimento sobre um afeto, de falar de dentro dele, e não apenas de suas representações? Quem pode fugir das mediações? Quem poderá falar de quem sente a fissura se o que sente o fissurado é coisa que nunca saberemos? Mesmo se lembrarmos do famoso texto de De Quincey, o mais clássico usuário de drogas, com suas *Confissões de um comedor de ópio*, o que de fato ele nos dirá, senão do que pode se esforçar por dizer e do que se deixa dizer? Podemos imaginar, podemos tentar falar, mas mesmo o próprio fissurado não poderá fazer mais do que, a cada vez, reinaugurar a linguagem da sua própria fissura, reinventar sua fissura enquanto coisa dita, nos limites do dizer. Quando o fissurado fala? Talvez na exposição de Fitzgerald em seu conto "The Crack-up",[64] quando, do encontro entre emoção e racionalidade que é próprio de um personagem ou de um narrador fictício, tenhamos a aproximação mais clara da fissura. Se a fissura pode ser expressa na literatura por meio de seus requintes estético-epistemológicos, melhor do que na vivência real, é a prova de que ela por si só não fala dela mesma. Alguém em estado de fissura não fala da fissura do outro, talvez nem mesmo da de si mesmo. E quem dela fala, apesar dos limites no ato de racionalizá-la e metaforizá-la, apenas investe na fala, que não se confunde com a fissura senão por um artifício em que a retórica tenta revelar seu objeto. A fissura é, no indivíduo humano, justamente o que não fala. A literatura é a expressão do mutismo. O que esperamos que um fissurado venha dizer na clínica não será apenas sua eterna intenção de dizer sempre naufragada? A fala não é a fissura, porque a fissura é o mutismo.

---

[64]F. Scott Fitzgerald, *The Crack-Up*, p. 72.

Quando digo que "estou fissurado" remeto ao que em mim não é ou ao que, sendo, me faz não ser, embora eu continue sendo o sujeito em negativo daquilo que ocupa um lugar absoluto. Remeto ao que em mim não fala, ao que em mim não se comunica senão com o absoluto, que me promete um estado não rachado. Nunca falo da fissura, senão quando não falo. Nunca falo mais do que *sobre* a fissura e, nesse ponto, qualquer um dela pode falar enquanto a imagina como objeto e não se vê, dela, um objeto. Daí a dificuldade de negociar com o que o estado da fissura implica. Algo como uma consciência do fissurado não pode absolutamente nada diante da força da fissura. Desistir de curá-la deixando de colocar algo em seu lugar na forma de uma "sobrefissura" talvez possa ser um caminho para seguir vivendo a vida num sentido mais erótico e menos tanático ou simplesmente como se nada tivesse acontecido quando a captura por aquilo que fissura se torna letal.

Se voltamos à questão acerca de quem pode falar dela, podemos dizer que é aquele que tenta escapar das representações pré-formuladas, tais como as da anormalidade e da doença. Enquanto não tenta fazer da fissura uma nova representação que assegure a explicação das coisas. A fissura é a mudez de cada um, não o silêncio, que tem sempre um tom poético, mas a fratura que está na base do ato mesmo de pensar o mundo. A teoria da fissura é, nesse sentido, cúmplice da fissura, ela mesma fissurada. Se pensar é a negação, é a fissura o que impele ao pensamento, enquanto, ao mesmo tempo, pode lançá-lo na impossibilidade de pensar e resgatá-lo desse lugar pela reconciliação com a própria fissura que está na origem do pensamento. O termo "sujeito", na acepção da tradição, vem apenas sinalizar a fissura que está na base do indivíduo. A fissura envia ao pensamento. Há, portanto, uma modalidade mais complexa do fissurado, aquele que não chegou ao dizer, como que permanecendo no que não se deixa dizer, habitando uma espécie de catástrofe, talvez enredado na malha da única significação que lhe resta no ponto de morte em que situa sua existência.

Contemplar a fissura: as drogas no cinema

Em um sentido muito amplo, podemos dizer que a característica fundamental de nossa época é a fissura. Dizer que a fissura é uma questão fundamental, essencial ou transcendental não resolverá a totalidade do problema concreto que a situa como fato na vida das pessoas. Em outras palavras, não podemos pensar que a questão da fissura experimentada concretamente por indivíduos se resolveria por definirmos com precisão seu estado de conceito, mas, certamente, daríamos o passo firme na chance de solução para os problemas nela implicados caso pudéssemos perceber com nitidez o que o conceito sinaliza. É que o conceito, como formulação entre imagem e palavra, sempre carrega consigo a impressão do objeto e das representações que o acompanham. Nesse caso, o estabelecimento do conceito de fissura implica buscar as formulações nos contextos onde a fissura parece ter irrompido. O trabalho do conceito é facilitado na coleta das formulações que estão dadas nos textos literários, nos filmes, nos discursos, nos casos ou nas experiências vividas, onde conceitos são pré-elaborados, onde já ocorreu a exposição de uma teoria ou onde uma teoria está por surgir. Textos filosóficos sobre o tema da fissura são raros, o que justificaria a urgência de um olhar reflexivo e analítico sobre a questão em termos conceituais.

Por isso, no âmbito desta investigação, construir uma constelação a partir das formulações eleitas para a análise é o que garante que se atinja o cerne do tema. Ao contrário dos que veem em filmes sobre a violência ou as drogas uma retórica neorrealista que influencia perigosa e simplesmente a realidade, gostaria de, no âmbito desta investigação, levar em conta o que em vários filmes se desenha como "conceito" sobre o tema. O presente capítulo poderá, no modo como está elaborado, parecer um interlúdio, mas me parece que este é o melhor lugar para situá-lo no livro. As considerações aqui situadas, a meio do caminho, permitem que sigamos em frente.

Tendo em vista o conceito benjaminiano de "inconsciente óptico",[65] gostaria de tratar dos filmes a partir do que neles é revelador de algo da chamada realidade. Sem desconsiderar, é claro, a retórica, que é o corpo geral da linguagem que tenta sempre demonstrar uma tese, impor uma verdade, criar realidade. Não querendo me estender aqui, remeto ao meu livro *Olho de vidro:* A televisão e

---

[65]Walter Benjamin, "A Obra de Arte na Era de Sua Reprodutibilidade Técnica", *Magia e técnica, arte e política: Ensaios sobre literatura e história da cultura*, p. 189.

o estado de exceção da imagem, no qual trabalho com o fato de que o cinema pode aderir à forma televisiva caracterizada pelo recorte de "realidade" em que a ilusão do tempo real está sempre em jogo.

O cinema tem funcionado culturalmente como um construtor de realidade, assim como a televisão. Não há novidade nisso, desde que qualquer imagem, assim como qualquer discurso, evoca e provoca algo que pode ser chamado de "realidade", algo que nele se produz enquanto, ao mesmo tempo, se refere a algo anteriormente dado. O problema estético continua sendo ético: o que podemos e o que não podemos representar, e com que objetivo? Mais do que a representação, o que está em jogo é também o que chamamos "apresentação" e que diz respeito ao que, mesmo inspirando-se num modelo, vai além de sua mera cópia. Para além do julgamento moral ou das considerações éticas, há um universo conceitual nos filmes sobre drogas e substâncias afins que pode nos auxiliar a compreender metodologicamente o fenômeno. Alguns deles tratam da questão da fissura oferecendo-nos traços importantes na configuração de um conceito de fissura.

Vemos que para começar precisamos estar sensíveis ao conceito como se pode estar, na vida, afetado pela fissura. A fissura, não a tocamos com pinças, nem mesmo as da pesquisa. O que o fato de dizermos "fissura" e nos entendermos em torno dela sinaliza? Eis a pergunta que cabe ao pensador que pretende — como anunciou Deleuze em um dos poucos textos filosóficos sobre a fissura de que se tem notícia — não ser ridículo ao falar de um tema no qual ele não está imediata ou corporalmente implicado. Ou, como diz Renton, o personagem do filme *Trainspotting* (1996), de Danny Boyle, usuário de heroína: "É fácil ser filosófico quando é o outro que está fodido." A questão que norteia as minhas palavras neste momento situa-se, portanto, na chance de analisar um fato, um problema teórico que é também prático, sem a anteposição de um julgamento ou de um discurso verdadeiro sobre o problema em si mesmo coletivo, mas que é também vivido com intensidades diversas por indivíduos. O problema das formulações teóricas é sempre a postulação da verdade pelo simples dizer. Gostaria de libertar a minha fala dessa intenção colocando-a no campo da pergunta, da dúvida e da autodesconstrução na direção de uma libertação do objeto a que me dedico.

Prótese e mutilação existencial

Vejamos, deste modo, o caso do cinema, que tem sido um dos únicos espaços de exposição filosófica sobre a questão das drogas. Os filmes que as têm como temática se repetem. Alguns filmes são conservadores, outros críticos. De um modo geral, salvo exceções, todos cujo tema central é a heroína têm fim trágico. Talvez que, sobretudo, a heroína seja ela mesma uma droga trágica, por meio da qual o indivíduo busca a morte em vida, até mesmo a morte propriamente dita de seu corpo. A heroína é sempre uma experimentação da morte, mas ao mesmo tempo de um intenso prazer que impele à repetição no apagamento da noção de um perigo tido a partir de sua experiência como contraproducente e insignificante. É o que vemos em *More* (1969), de Barbet Schroeder, em que dois jovens simplesmente se autodestroem, ajudando-se mutuamente nesse processo, em nome da substância que os faz viver enquanto ao mesmo tempo os aniquila. Tratamento idêntico aparece em *Panic in Needle Park* (*Os viciados*, 1971), de Jerry Schatzberg. A droga existente une os casais, que por meio dela se tornam como que livres para simplesmente amar, suspensos do mundo ao seu redor, até que, em falta, a heroína surge como o motivo de desunião e de disputa entre os casais. O que era libertação devém escravidão. A fissura, podemos pensar, está na ambiguidade da droga como um operador tanto do amor prometido quanto do amor interrompido, no contexto de um "casal" de amantes alegórico de um mundo que poderia ter sido perfeito e que mantém, nessa forma pretérita, a lógica de sua impossibilidade.

Em nenhum desses filmes, no entanto, se avança para uma reflexão mais profunda sobre o sistema das drogas e sua condição de dispositivo em relação ao qual os indivíduos desenvolvem aquela subserviência pática, a dependência estética e emocional, de que falaremos mais adiante. Nesse sentido, os filmes reproduzem o moralismo da própria sociedade. O sistema das drogas e a sociedade na qual ele é possível desaparecem da cena para dar lugar a um anti-herói perdido em si mesmo e fora do mundo. Nem mesmo o filme *Christiane F.* (Uli Edel, 1981) ou *The Basketball Diaries* (*Diário de um adolescente*, Scott Kalvert, 1996) fogem à regra. Esses dois filmes são importantes no cenário das teorias formuladas sobre as drogas porque, além de tudo, sendo baseados em histórias reais, fazem pensar no vão — quem sabe também na fissura — que existe entre realidade e ficção. No quanto a vida real se parece com a ficção e no quanto, ao mesmo tempo, o filme forja um retrato que apela e força a intimidade entre realidade e ficção. Refiro-me mais uma vez à falta de reflexão sobre as condições de possibilidade do uso das drogas ao nível da entrega inevitável ao seu universo. O cinema tem tratado a questão das drogas, de um modo geral, como um simples ato sem função que não seja a do entretenimento. De um modo geral, os filmes mostram a degradação dos usuários, mas não investigam o fundo complexo de sua origem, seja a solidão, seja o abandono em que vivem os jovens, que são os principais envolvidos com uma quantidade importante de drogas bem específicas. O porquê desse fato é questão que devemos responder mais adiante.

Certo é que escritores e cineastas na exposição de suas teorias, sejam elas literárias ou imagéticas, podem desconfiar da apresentação do sistema que circunda a ação de uso de drogas em suas obras, temendo a queda na moralização e no julgamento. Realmente é uma posição a ser evitada quando se pretende a crítica. No entanto, é impossível que o pensar reflexivo se dê sem julgamento, justamente porque nem todo julgamento precisa ser moralizante, ele pode também fazer parte de um processo reflexivo que não teme a autocrítica e chega, assim, a uma posição ética marcada pela responsabilização quanto ao que se diz. Nesse sentido é que podemos ver o cinema como a exposição daquilo que chamaremos de imagem crítica, ainda que seu modo de exposição mais habitual seja o da moralização. Meu pressuposto é certamente o de que o cinema pode nos mostrar conceitos-imagens, como afirma Julio Cabrera em seu *O cinema pensa*, e esse conceito-imagem bem pode ser, ainda que na forma de uma exceção, um conceito-imagem crítico.

Se isso for verdade, penso a princípio em outros dois filmes que conseguem um altíssimo nível crítico ao trabalharem de modo ousado com a analogia entre o que chamamos de drogas estéticas e químicas. Eles nos oferecem a chance de pensar a função de prótese existencial própria do dispositivo das drogas. Chamarei de prótese existencial a esse objeto que encena uma vida, que justifica uma vida e que ao mesmo tempo desincumbe de uma outra vida possível. É certo que a ideia de uma "outra vida possível" põe em jogo uma vivência do sonho, da esperança, da expectativa e de um projeto de vida engajado em alguma ideia de sentido relativo, e não absoluto. Os objetos que têm esse caráter de "substância", sejam drogas propriamente ditas ou aparelhos estéticos, têm a função de um absoluto sem o qual a vida perde o sentido.

Pico

Um desses filmes é *Requiem for a Dream* (*Réquiem para um sonho*, de Darren Aronofsky, 2000), que trabalha com a comparação entre dois universos análogos em seus meios e fins. De um lado, há um jovem chamado Harry, sua namorada e seu amigo, todos usuários de heroína. De outro, uma velha senhora, mãe desse mesmo jovem, que passa os dias sentada diante da televisão comendo doces. Na montagem, o processo do alcance do prazer que cada mundo oferece mostra aos poucos sua inversão na direção da decadência e da destruição. A heroína que dava prazer e sentido causa dependência, levando a todo tipo de sofrimento; a televisão, que é fonte de prazer enquanto é o aparelho doméstico por meio do qual se pode assistir a uma produção qualquer, inverte seu sentido ao se tornar um lugar onde é possível ser assistido. Do hábito de ver, nem tão nocivo para a vida de uma senhora que parece não ter mais nada a perder, chega-se à promessa de ser visto, que desperta um desejo incomensurável de aparecer bem na televisão, em sua melhor forma, uma forma que já não é possível recuperar depois de certo tempo. Do sacrifício de não comer até o extremo do uso de anfetaminas, a velha senhora chega a uma total perda de si. Ela é o exemplo clássico de uma pessoa dessubjetivada pelas anfetaminas e pela televisão.

Não é apenas o paralelo entre as formas de entrega, no sentido de uma subserviência estética e emocional, da "subserviência pática", o que surge em *Requiem for a Dream*. Vemos ali um aprofundamento em torno da questão da fissura. Ela se mostra pela imagem do "pico". Há uma cena altamente significativa, quando, numa viagem pelo país em busca de mais heroína, o jovem, depois de muito tempo sem sua substância, vai aplicá-la no braço, onde há um furo em péssimo estado. O que era o lugar do "pico" transforma-se em ferida, em gangrena, e ele, já na prisão, acaba tendo o braço amputado. No decorrer do filme, enquanto a necessidade da heroína é acelerada junto ao processo em que cada jovem — Harry e seus amigos — sofre os percalços de uma vida voltada para um único fim, a mãe — entre anfetaminas e televisão — entra num processo de degeneração mental.

O diretor, com plena intencionalidade em relação ao paralelo que organiza sua obra, cria uma cena em que se justapõem dois planos: no exato momento da aparição da ferida no filho, a mãe está em surto mental. Os efeitos deletérios do que poderia ser brincadeira se fazem ver em ambos os personagens. A reabilitação contra a droga surge no momento da amputação do braço do filho. Ao mesmo tempo, no hospital, a mãe passa por eletrochoques. A fissura é essa ferida que não pode ser cicatrizada em nível físico ou emocional. A prótese existencial é o pico e o pico é a ferida, a dor, a mutilação existencial. Ela também é o abismo que separa os personagens: mãe e filho. Em outro plano, a namorada rica do jovem Harry, também dependente de drogas, prostitui-se em nome da deusa heroína. É o vão onde os personagens estão lançados sem reflexão alguma, entregues e subservientes paticamente a uma conduta que não assumem nem deixam de assumir, como se vivessem uma espécie de cancelamento ético pela servidão estética, a servidão à sensação. Nem culpa nem responsabilidade surgem no império do vazio que dá lugar a essa servidão pática. A fissura surge, é o irreversível no processo de construção de si. Elimina-se a ferida apenas quando se perde a razão ou o corpo no qual ela se instaurou. O processo da fissura é sem volta.

Outro filme que nos ajuda a pensar criticamente essas questões é *Trainspotting* (1996), de Danny Boyle. Menos trágico e mais cínico, esse caminho sem volta mostra-se como uma banda de Moebius entre a heroína e a vida tal como é vivida em nossos tempos. Se podemos interpretar o destino do personagem chamado Renton como o de um final feliz pelo menos para ele (e não para o desfecho particular de cada um de seus amigos), é apenas como triunfo da vida no círculo cínico que a une às drogas. Esse círculo cínico é brilhantemente exposto no contexto do filme, em que o julgamento do personagem sobre a droga e a vida serve de sentido ao seu protagonismo. Para conhecermos sua visão de mundo precisamos ver o filme do começo ao fim, porque é apenas na circularidade do roteiro que vemos a inversão que esteve sempre em jogo: a droga é a vida e a vida é a droga. Fica claro que entre vida e droga há uma função protética. Uma serve no lugar da outra do começo ao fim do filme e não há como julgar que uma ou outra seja melhor em si mesma. E não é só analogia, mas a praticidade da ação, a do que fazer. Como uma prótese, trata-se de um "modo de usar" a vida, como se usa uma droga.

Na forma de um palíndromo que pode ser lido de trás para a frente, o filme oferece a compreensão de que a questão essencial das drogas, assim como sua função, é a mesma da vida. No começo, cenas diversas se desenvolvem sobre um texto relativamente longo, em que Renton fala sobre as escolhas da vida diretamente para o espectador do filme. Sua palavra de ordem é "escolha". Assim, enquanto ele sugere a quem vê o filme que faça sua escolha no contexto da vida como uma sequência de valores (segundo a irônica fala: a vida, emprego, carreira, máquina de lavar, carros, CD player, colesterol baixo, roupas e acessórios, até um abridor de latas elétrico ou sentar e ver TV comendo porcarias, ou ainda uma família e filhos dos quais se envergonhar), acaba por perguntar-se "por que eu quereria isso?", pondo em cena a total desvalorização de um mundo em si mesmo não apenas ridículo e desprazeroso, mas fundamentalmente sem sentido. Assim, ele virá justificar que preferiu não ter uma vida, mas ter outra coisa. Os motivos para sua escolha, ele também os explicita: "Os motivos, não há motivos." Afinal, segundo ele, "para que motivos, se há heroína?". Ficamos entre a substuição da vida pela droga e o recurso à heroína como um absoluto. A cena em que essa reflexão se dá é fundamental, pois que ele pensa em tudo isso enquanto está num momento de "pico". O pico, mais uma vez, é o êxtase, o ponto onde o sentido se articula na total crítica do sistema. É o cerne em torno do qual a vida adquire sentido enquanto o perde e quebra o sentido enquanto o instaura por negação dele mesmo.

O filme termina, depois de muitos acontecimentos infelizes, com um retorno a todo esse questionamento entre vida e droga, mas com um novo grau de cinismo em que ele não é mais apenas alguém que percebe o nexo entre a vida e a heroína, mas alguém que se autoriza a uma conduta nova: ele rouba dos amigos — sendo que esses amigos só o são enquanto amigos entre aspas —, diz que se tentasse responder pelos motivos, mentiria, pois a verdade é que ele é mau. Que seja, "mau" surge como um resposta também absoluta em que o subtexto talvez seja: a vida é que o é. A heroína é que o é. Renton se vê como mau como qualquer usuário de drogas que percebe o momento em que elas são seu suporte. E nós poderíamos tentar dizer o contrário, afirmando que ele está apenas se autodepreciando enquanto luta por sua própria sobrevivência ao lado de pessoas que também perderam, como ele, a subjetividade, a autoconsciência, o discernimento. Sabemos, contudo, que essa saída não o redime, porque a autoconservação é sempre uma saída para o animal que perdeu sua "humanidade" ao perder a sociedade, ou seja, sua capacidade de criar elos convivendo em um contexto de reconhecimento com outros. Assim, ele conclui que vai entrar na linha, que vai viver, que vai deixar a heroína, enquanto os espectadores do filme ficam com essa promessa. Mas nem tudo está resolvido, porque na sequência, enquanto segue seu caminho, ele avança também na ironia, dessa vez contra o espectador. Dizendo "vou ser como você", ele repete todos aqueles itens que estavam em cena no discurso inicial sobre a escolha até finalizar dizendo que, depois de ter tudo, seguirá olhando para a frente, até morrer. Como um alter ego crítico, ele anuncia o que o espectador evita saber acerca de si mesmo. A saída analítica das drogas e a entrada na "vida" na forma como ela se estabelece sob o estigma do capitalismo não são diferentes.

O questionamento de Renton é a grande pergunta que concerne à relação entre a droga e a vida. Renton é o sísifo das drogas que se apresenta como prótese existencial da vida. Albert Camus escreveu em seu *O mito de Sísifo* que o único problema filosófico realmente sério é o suicídio. Esta indagação refere-se à pergunta sobre se vale ou não viver. Renton transfere a questão do sentido à heroína, a droga que em seu caráter tremendo retira o sentido de qualquer questionamento, oferecendo-se, ela mesma, como sentido total.

A pergunta que Renton dirige ao espectador refere-se ao sentido possível de uma vida fora da heroína, quando o mundo que a nega é em si mesmo obsedante e em nada melhor do que a substância à qual ele, na contramão do mundo, se entrega. A vida tal como pode ser vivida, enquanto projeto de vida voltado para o consumo, não vale mais do que a heroína. E, nesse caso, não se trata, ao deixar a heroína, de uma reabilitação que se volta para uma vida feliz, justa, correta, mas da entrada em uma outra vida em si mesma drogada, tão sem sentido enquanto, ao mesmo tempo e contraditoriamente, cheia de sentido. Pelo menos tão sem sentido e tão cheia de sentido quanto a heroína. A pergunta, para que a vida ou os motivos para a vida quando se tem a heroína, obtém como resposta sua inversão: por que ficar na droga se se pode ter algo tão idêntico a ela, como a vida? Nesse caso, o sentido da vida devém esburacado. A pergunta persiste, mas só o que encontramos como resposta são ofertas de próteses existenciais do mesmo nível de inutilidade e de fetichização que a mais vulgar das drogas tem seu sentido, mesmo que ele seja um sentido qualquer.

A "teoria" de Renton nos coloca em relação direta com a questão filosófica da fissura. É a vida ela mesma que se apresenta como algo que não vale mais do que a droga. A droga não é a ausência de sentido por oposição à vida. Não é um caminho de destruição em relação à vida. Questionando o que é a vida, a heroína não surge apenas como alternativa, mas como correspondente, como algo que lhe é afim. Ao mesmo tempo, não são a mesma coisa, mas lugares justapostos que, como em uma banda de Moebius, podemos atravessar de um lado ao outro sem sair do mesmo lugar. *Trainspotting* torna manifesta a zona de indistinção entre a vida e as drogas e o sistema coeso de sentido que torna uma a prótese da outra. A coesão, no entanto, é apenas a força que oculta a sutileza da separação entre esses mundos que advém de outras separações que a própria fissura na heroína vem ocultar. As outras fissuras são as relativas ao projeto de vida consumista que, por sua vez, encobre fissuras mais profundas entre o ser humano e a sociedade, onde ele vive a consumir consumindo-se.

O desejo, o vaso

Levando em conta essa capacidade de "teorização" do cinema, temos no filme *O desespero de Veronika Voss* (*Die Sehnsucht der Veronika Voss*, 1982), de Rainer Werner Fassbinder, a abertura para um outro tópico inerente ao tema das drogas. O personagem protagonista desse filme é uma atriz decadente, ex-protegida do regime nazista e viciada em morfina. Ela representa os dois lugares do fissurado: de um lado a entrega à morfina vem preencher um vazio, uma falta, um não ser pelo fato de ter sido. De outro lado, ela sinaliza uma certa vontade de nada que não seja o estado passado pelo qual seu presente se torna pura fantasmagoria e ela o mero espectro de um passado indecente. No desespero da doença, não vemos apenas o efeito de uma perda, como se o sujeito fosse um enlutado que substituiria o objeto perdido de sua queixa, o deprimido engasgado em sua própria desgraça. Antes, é a construção de si o que está em jogo, aquilo que o sujeito mesmo seria é o que está a perigo enquanto ao mesmo tempo ele tem um devir específico nisso que para os outros parece apenas doença e destruição. A "doença" vem a ser uma identidade constituinte.

É essa a questão representada por dois objetos no filme de Fassbinder: em primeiro lugar, um broche. Ao encontrar com um homem por quem se interessou em um bar, Veronika lhe pede um valor em dinheiro dizendo que precisa muito comprar um broche que teria visto em uma loja ali perto, que ao desejar algo precisa tê-lo de qualquer maneira. O broche é a fissura da vez. Justamente porque, na verdade, não havia broche algum. O enunciado feito ao seu pretendente, contudo, mostra a necessidade de um desejo que não está presente senão pela forma com que representa esse desejo possível, não necessariamente desejável. Não é o desejo de um desejo o que está em jogo, mas a encenação de um desejo que não prova sua existência. Embora ela parecesse apenas querer conseguir um dinheiro fácil, o despropósito do gesto não elimina a sua imediatidade, antes a reforça, mostrando a urgência de algo, que é urgência de qualquer coisa. Urgência praticamente histérica diante de um homem que ela encena desejar, mas que não consegue desejar, simplesmente porque, antes, precisa diante dele desejar algo e, sobretudo, porque ele é a figura que ameaça desejá-la e na qual ela vê uma redenção total. A saída de seu lugar de "sujeito drogado". Nessa cena do broche, junto das vendedoras da loja à qual ela vai, fica clara a ligação que Veronika tem com uma fama passada, da época do nazismo em que era atriz famosa, fama que a lança num deslocamento no tempo presente. Na loja ela é reconhecida pela proprietária, mas como a figura de um tempo de que sentirá alguma forma de falta, tanto quanto de vergonha. Não importa o que ela sinta, pois que não temos muito acesso a isso, o fato é que o mundo mudou, a história seguiu e Veronika sobrou deslocada, e ela evitará o novo horror da nova fase por meio da morfina.

No tempo nazista — ele mesmo o tempo de uma fratura histórica fundamental — Veronika tinha um lugar, no novo tempo não o tem mais. Ela habita a fratura histórica com aparente tranquilidade porque sabe encenar. No lado pessoal da fratura ela desespera. Os limites entre esses polos são imprecisos. Assim é que ela teme ser reconhecida pelas pessoas enquanto não pertence mais ao universo do espetáculo, que antes lhe dava sentido. O que ela teme é o reconhecimento dessa figura deslocada que não cabe mais no novo espetáculo, sempre adaptado a cada tempo. Podemos dizer que Veronika é a personificação da fissura, enquanto ela mesma é fissurada, pois, enquanto tal, ela não é mais uma, mas duas, a de antes, famosa no tempo nazista, e a de depois, "ostracizada". A fissura é essa quebra por meio da qual alguém será visto, em redor de quem emergem dois reinos. A fissura é essa experiência do sujeito e essa marca pela qual alguém é reconhecido, definido, identificado. Um antes e um depois, um agora e um tempo nunca alcançado do que "poderia ter sido".

Além do broche, há o vaso caríssimo quebrado pelo jornalista que se envolve com ela enquanto ao mesmo tempo tenta entender o mistério ao seu redor. A cena do vaso é igualmente significativa do ponto de vista do simbolismo do filme: no escuro da casa abandonada, após um encontro sexual, o jornalista quebra o vaso assustado com uma crise da atriz que ele não supõe tratar-se de abstinência. Veronika vive em dois ambientes, ora na casa escura, cujos móveis são protegidos por grandes lençóis brancos, onde antes ela viveu com o marido, ora na clínica de uma médica que a escraviza, onde ela se refugia e se esconde e que, por oposição à casa obscurecida, tem uma luminosidade branca conseguida com uma luz estourada. Uma coincidência curiosa é que o recurso à luminosidade exagerada — que dizem ser efeito da morfina — é explorada também no conto "Morfina", escrito por M. Bulgakóv em 1927. No caminho para a clínica, Veronika não fala nada que não seja o pedido de que ele compre um vaso igual ao que foi quebrado, pois que, insistindo nisso, o vaso é necessário. O motivo poderia ser qualquer um, mas a fixação no vaso que precisa ser restituído remete a que esse recipiente seja significativo da imagem de Veronika, de sua autocompreensão, quem sabe o fosse de sua história, de sua casa — de seu si mesmo — mesmo que essa esteja abandonada, sem chance de retorno, sem projeto de futuro.

Ela é o vaso, ela precisa ir à clínica para ser restituída. Não a um tempo anterior. É ao presente que a circunstância se refere. A compra de um vaso novo, idêntico, como ela explica, não é a cura, que seria a forma da libertação da morfina, mas a dose de morfina que precisa ser posta sobre a abstinência, o vazio do vaso que analogamente ela mesma é. E, no entanto, não é o certo nem o errado. É apenas o que é. O vaso quebrado vem mostrar uma relação que está muito para além do desejo: o vaso é um símbolo da relação com o próprio vazio, que deve permanecer intacto porque já estabeleceu-se como lei. A quebra é concomitante à crise de abstinência. O fissurado obedece a uma lei, a um imperativo de que as coisas são assim e não podem ser de outro modo. A abstinência é o estado negativo, do que "não deveria ser" e no entanto é. Mas isso não quer dizer um simples paradoxo, tampouco uma pura negatividade.

O lugar desse vaso em sua conexão com a personagem, tanto quanto com a droga, é de analogia. O vaso — alegoria de uma identidade — é como a droga: indica o estado do ser na posição de um molde, de um receptáculo, daquilo que Jacques Derrida chamou de *Khôra*, a mãe, a ama.[66] O vaso é onde algo fica contido. Não é à toa que Lacan tenha percebido sua relação com o desejo. Podemos tentar traduzir essa relação com o receptáculo como com aquilo que dá o abraço, que aconchega. O termo droga, nesse momento, é mais do que dependência química e é mais do que um problema emocional. É uma metáfora: entre o vaso e a droga encontro aquilo que me abraça, que me circunda, que me dá lugar.

O termo Khôra, que Derrida tira do *Timeu*, de Platão, define um estado do ser para além da polaridade entre sujeito e objeto. Podemos dizer também entre explicação e emoção. É um laço que evita a fratura enquanto ele mesmo é a fratura. Como o papel da garrafa, o continente do álcool ou do vazio que na crise do alcoólatra no filme

---

[66] Jacques Derrida, *Khôra*, p. 15.

The Lost Weekend (*Farrapo humano*), dirigido por Billy Wilder em 1945, é um poderoso significante. A garrafa não é apenas o que carrega o álcool, mas o objeto que precisa ficar por perto como um apoio, um significante absoluto que sustenta o sujeito por ele governado. A garrafa é a garantia, a sustentação, o apaziguamento. Não é o que se deseja, mas o que evita a dor e potencializa o desejo irrealizável, mantendo-o como possível. O viciado é devoto desse possível. É o que evita a vida para se tornar não a morte no lugar de uma vida inteira, mas uma vida que se nega enquanto tal, ao colocar-se como o absoluto nada. O nada absoluto que, não admitindo relativização, elimina toda necessidade de algo outro. A abstinência é apenas o grito do vazio conquistado a duras penas quando esse vazio no qual o sujeito encontrou um lugar que habitar é ameaçado.

O desejo, nesse caso, é todo esse continente que, no estado da fissura, é esfacelado.

Estar não sendo

O mundo das representações influencia o mundo dos afetos. Conceitos interferem fomentando, controlando ou instigando os afetos, tanto quanto são influenciados por eles. O que podemos dizer da fissura? Que ela seja um afeto? Um estado do desejo em seu ponto tremendo? A irrupção do desejo em seu caráter espantoso? A fissura não é um afeto, antes é um operador metafísico, que vem significar a interrupção do nexo entre afeto e reflexão. Ou, para usar uma formulação tradicional, entre racionalidade e sensibilidade. Como uma espécie de ponte sobre c abismo, por paradoxal que possa ser, o indivíduo fissurado vem encontrar um lugar nesse não lugar. A fissura define uma entrega, uma captura, uma quebra, e uma queda que é preciso colar e ao mesmo tempo erguer com um artifício. Ela define um ser enquanto não ser.

Se o fissurado raramente nos fala do seu lugar de fissurado é que o que nele não fala, o que nele não se expressa, o que nele silencia é, justamente, a fissura. E isso nos coloca diante do paradoxo da fissura: se ela é abertura, é, ao mesmo tempo, fechamento. O fissurado se alimenta do mundo pela fissura — ouve as conversas do mundo, as teorias do mundo, as coisas do mundo, fissura-se naquilo que o mundo lhe dá já com a interpretação do que lhe é dado — enquanto evacua o próprio mundo que ele recebe do mundo pela fissura. Isso vem explicar que o mundo — esse campo externo ao seu simples eu — é o instrumento que o fissurou. Mas isso apenas porque ele não está fissurado no sentido. Foi dele como que ejetado. O mundo é aquilo que já não vale nada fora do objeto em que ele tenta se agarrar. O mundo que ele reduz ao objeto com o qual ele tenta se cravar no próprio mundo do qual foi excluído-enquanto-incluído, configurando aquilo que podemos chamar de "estrutura do estado de exceção da lei da fissura". É desse modo que o fissurado deixa de ser in-divíduo, a figura in-divisível, e passa a ser o outro do seu objeto com o qual faz par numa estrutura cindida e ao mesmo tempo ligada por sua própria rachadura. Daí que a fissura apareça como um absoluto no ato mesmo de aparecer como desejo.

A fissura, numa contradição peculiar, relaciona o irre-lacionável. E é de objeto, sim, que temos de falar, porque o fissurado, mesmo quando não viciado, é a figura de uma relação, de um locus dinâmico habitado por ele e seu parceiro íntimo, a coisa que o fissura, a coisa na qual ele se fissura. Daí o encaixe, o acoplamento e a sensação de plenitude. É que o fissurando, ao mesmo tempo, destitui-se de si e se salva de si ao permitir perder-se na coisa. Figurado no não ser, ele é a vítima da história da dessubjetivação enquanto, ao mesmo tempo, subjetiva-se dessubjetivando-se por meio de um objeto. Essa coisa é o que se torna algo novo com ele, algo que não é ele mesmo. Justamente porque algo como um "eu", uma identidade que sustentar, é insuportável fora do objeto que lhe assegura ser sempre um outro fora da luta por reconhecimento que caracteriza o sujeito ético e político.

Isso vale para a mais célebre das fissuras, a das drogas. Do fissurado dirigido à droga química, vivendo um círculo vicioso que se interpreta de fora dele como a estrutura de um vício pessoal e autorreferido, diremos que é toxicomaníaco. A expressão do "corpo-drogado", a dizer de um corpo que se mimetiza, se aconchega, se acolhe e se relaciona como um bebê ao útero de sua mãe, tem aqui uma pertinência ímpar. O toxicomaníaco é aquele que vive essa mimetização com as drogas. Podemos dizer, nesse caso, que a única saída para o corpo-drogado — em sua constituição íntima como corpo-fissurado — seja a de um nascimento na identidade do "drogado". Contra a não identidade da fissura, ele aceita a máscara: "Sou alguém", mesmo que seja enquanto "ninguém", por mais esvaziado que isso possa parecer na subserviência pática às drogas ou a qualquer outro fanatismo.

O fissurado diz que é alguém enquanto não é ninguém. Isso é o que ele diz para si mesmo. Seja o consumidor de drogas, seja o consumista, seja aquela nova figura de nossos dias que podemos chamar de "dependente virtual", que gasta o seu tempo todo diante das telas de computadores em atitudes compulsivas no contexto das redes sociais. Essa identidade pelo avesso é seu artifício, o escudo contra a Medusa de uma exigência de liberdade, a salvação de uma queda no abismo. Tornar-se "o drogado" com toda a carga simbólica que essa figura poderá ter define um novo sentido na esfera do nonsense. É o nonsense como sentido. Podemos entender isso quando vemos que o alcoolista que deixou a bebida nunca mais pode colocá-la na boca, como se tivesse se tornado sagrado na contramão e na mimetização com a sacralidade da própria bebida. Ele se afasta da bebida numa correspondência em que, não podendo tocá-la, torna-se a ela análogo: não pode se deixar tocar por ela. Não beber é tão absoluto quanto antes era o ato de beber. Assim, como quem nasce é necessariamente referido a um útero, o ex-viciado, seja ele o ex-drogado ou não, é sempre um sujeito referido à sua droga. Ele se relaciona à fissura e dela se protege por meio de um cancelamento da experiência em nome de uma identidade que se oferece a ele como saber acerca de si. Pode estar afastado de toda droga, não beber uma gota de álcool, mas será para si mesmo "o alcoólatra" ou o "alcoolista", caso tenha aderido a uma teoria "médica". Por trás dessas adesões a um discurso existe uma legitimação ao nível de um conhecimento que não foi adquirido na entrega à qual ele está condenado por inteiro, senão porque não podemos mais falar de um drogado como objeto da ciência, e sim como seu aprendiz. Aprendiz científico e moral, o "drogado" ou "viciado" pensará e agirá em conformidade com uma agenda que lhe é exterior. Ele aceitará a teoria da Igreja, que pede seu dízimo simbólico ou concreto, assim como aceitará a proposta dos narcóticos anônimos, que lhe pedem para pagar a dívida com a confissão, ou da publicidade, que lhe pede para comprar objetos "desejáveis", no instante de sustentar-se em um lugar de sentido. É por essa identificação com esse lugar que tantas pessoas se autodeclaram fumantes, alcoolistas ou "consumistas" em um sentido acrítico e elogioso.

A palavra conhecimento aqui tem a função de sinalizar que é disto que se trata: o drogado tem um saber, o de sua condição, de sua entrega tantas vezes incompreendida como um modo de vida na diferença. A anorexia e a bulimia são formas de fissura nesse sentido estrito. A imensa maioria das garotas que apresentam esse comportamento tratado como um distúrbio conhece a sua própria fissura, sorve o que a pesquisa e o senso comum formulam acerca dela. Por isso, a drogadição dá ao fissurado apenas a chance de fazer-se para nascer como drogado. Seja a droga em seu uso comum, ou qualquer outro objeto, é o absoluto que protege da fissura e que, ao mesmo tempo, dialeticamente, a garante. Crendo que sua condição é de doente ou, ao contrário, apenas um modo de ser, trata-se, para o fissurado, de uma condição inexorável.

Desse modo, da droga o fissurado poderia sair apenas pela via do não ser. Enquanto, ao mesmo tempo, o que está em jogo é que, por meio da droga, ele já não é. Pela morte enquanto tal, ou pelo menos pela morte simbólica do drogado que ele pode vir a ser outra coisa, mas não é bem assim, pois que se trata sempre de um círculo vicioso. No filme *Despedida em Las Vegas* (Mike Figgis, 1995), há um momento em que o personagem Ben Sanderson ilustra muito bem o que é, para ele, a saída de uma droga como o álcool. Num diálogo com Sera, a mulher por quem se apaixona, ele diz que não bebe para morrer, antes que "morrer" pode ser ainda um "modo de beber". O que nos obriga a considerar que, na isonomia entre beber e morrer, o ato de beber é mais do que um modo de morrer em vida, a direção para a morte é um modo de poder beber absolutamente, de potencializar o absoluto da bebida, tão afim à vida quanto pode ser à morte. Se em *Trainspotting* a relação está dada entre a droga e a vida, aqui é entre a droga e a morte, mas não no sentido de uma opção em que da droga adviria um resultado indesejável e infeliz. Beber até a morte não é algo simplesmente negativo, a morte é a forma de um beber absoluto, nesse caso muito melhor do que a vida apresentada em toda a ironia de *Trainspotting*. Logo, a morte é uma potência de intensidade para algo como "o sentido da vida". E quem poderá dizer que o alcoólatra está errado? Dizer que há prazer nesse caso não é possível, a evitação de um desprazer pela abstinência também é pouco. A fissura do personagem é na morte que lhe dá a bebida, na bebida que lhe dá a morte. Morte antecipada? Sim, pois que, salvo da bebida pela morte, o personagem se identifica contraditoriamente com o morto.

O sentido da vida não passa de uma doença para a morte em que se escamoteia o desespero no ato de seu desconhecimento.

Como conclusão: sobre o sentido

Dizer Sociedade Fissurada é falar de um regime estético-político. Nele, a vida sensível, a nossa experiência como um todo corporal e mental, é capturada por um vazio, por uma rachadura no sentido. O sentido é o limite da compreensão humana, sempre suportado apenas em seu próprio limite. Qualidade fundamental do mito, o sentido se expõe como narrativa, frase, teoria científica ou literária. Ou simples ideia. Ou como algo a ver, a ler, a ouvir. É certo modo de viver que oferece alguma coisa de verdadeiro a quem vive, seja uma sensação, uma ideia. O verdadeiro é, por sua vez, aquilo que pode ser vivido como certo diante de algo que se colocou como "errado". Mas o que é "errado"? Seria o não verdadeiro? O "verdadeiro" manifesta nosso desejo de verdade, ele pode ser a resposta a uma dúvida quando entendemos que a dúvida não é a verdade, mas a falsidade a ser eliminada, como o remédio para uma ferida, o analgésico para uma dor, a explicação para um mistério. Daí que o "verdadeiro", qualquer coisa que se ofereça com o estatuto de resposta, coloque-se no lugar onde surge a dúvida, eliminando o incômodo que ele causa. A dúvida tem, pois, o mesmo estatuto da fissura, no entanto ao nível de sua insuportabilidade. No extremo, uma resposta absoluta sempre convém, mesmo que ela seja um mito, um dogma, uma ilusão.

Nesse sentido é que podemos dizer que a experiência da filosofia enquanto experiência da dúvida é também ela uma forma de experiência da fissura. Mas, diferentemente da religião, da estética, do capitalismo, a reflexão filosófica nos ensina a conviver com a fissura ao não escamotear sua existência. Quando Michel de Montaigne criou o dito famoso explicando que "filosofar é aprender a morrer", nos colocou diante dessa questão. Do mesmo modo Albert Camus, ao falar do suicídio como questão filosófica fundamental. Filosofar é, de certo modo, aprender a fissura como uma potência da vida e como um interrupção das potências da vida. E suas angústias. Filosofar talvez seja justamente o aprendizado da angústia de que falou Soren Kierkegaard. Fissura seria, pois, o nome mais próprio da tragédia humana desde o instante da autoconsciência, quando nossa vida interior se separa em duas: existir ou não existir. Quando Theodor Adorno enunciou a condição da "vida danificada" em seu livro *Minima moralia*, revelou sem querer o lugar no qual necessariamente habita o fissurado: uma vida possível em confronto com sua danificação concreta. A fissura é sempre dupla: há uma que acoberta e outra que, sob ela, se esconde.

A filosofia antiga de Plotino e Santo Agostinho entendeu aquilo que é, o que se tem como verdadeiro, pelo termo *hipóstase*. Ele significava a existência como aquilo que se dava a ver, como, por exemplo, o corpo de Cristo, que, meio humano e meio divino, era de qualquer modo aquilo que se define pela simples constatação: "o que era", e não outra coisa. O corpo de Cristo, sua existência, não estava sujeito à falsidade. Era a verdade dentre todas as verdades. A tentativa de colar a fissura entre Deus e o Homem. O verdadeiro como *hypostasis* era também sinônimo da substância dos gregos. Inabalável, ele tinha a qualidade do dogma.

Podemos dizer até hoje que a verdade almejada por todos — pois quem olha para o Espetáculo o entende como verdadeiro — é o caráter "substancial" das coisas. É o "não vazio", algo como um "não nada". O verdadeiro pode ser assim a imagem, o que se apresenta na superfície, como o que se põe diante de mim. Há uma verdade, não é absurdo pensar, até mesmo na alucinação, que é tida como real na experiência de quem a vê. O verdadeiro pode ser a exposição, o que se apresenta na forma de uma tela. Trata-se da oferta de algo a ser recebido pela percepção e no qual se pode crer absolutamente. Isso porque a percepção é o nosso próprio ser, sempre aberto ao mundo no qual e com o qual ele se constitui. Natural que tenha — que sinta — o mundo sensível como familiar. A fissura é sempre uma resposta a essa oferta que nos atinge a percepção no seu sentido mais radical, corporal, interno, visceral. Aquilo que Türcke chamou pelo termo "fisioteologia" vem a designar a sensação no amplo campo da percepção como uma experiência de uma verdade absoluta no corpo. Ao mesmo tempo, o que está em jogo é uma oferta que se espera como se ela mesma já fosse uma resposta mesmo quando não se tem consciência da pergunta. Alguém me responde sem que eu pergunte: assim é o sentido. A fissura pode ser a rachadura no sentido, uma quebra da crença. Mais profundo, no entanto, é que a fissura seja um lugar para habitar, assim como o sentido. Porque onde surge rachadura sempre surge também a forma de vida que, ao habitá-la, parece eliminar seu vão.

A fissura é, por isso, uma espécie de adequação a alguma coisa. Adequação a uma inadequação. O osso que cresce no próprio osso onde antes havia uma racha. Os filósofos medievais falavam da verdade como *adaequatio rei et intellectus*. Uma correspondência ao nível de adequação entre o universo do pensamento e das coisas objetivas. A fissura surge quando o sentido hipostático, dogmático, das coisas mostra sua insuficiência, mas não ao nível de uma frustração qualquer. O fissurado adere à fissura com todas as suas forças emocionais e físicas, no instante mesmo em que a junção dessas forças parece ter eliminado a fissura. E elas nunca foram muitas, porque viver nunca foi coisa de quem não suporta — no sentido de dar base e amparar o sem sentido — a própria fissura. Como o osso que cresce na fissura, o fissurado vive no sentido como a célula que impregna o buraco aberto. Ele se mimetiza e com seu próprio corpo completa um sentido perdido. Ele se coloca no lugar do que falta, assim mostra que não há falta, pois que ele é no seu lugar e nele não é o nada.

Aquilo que era sujeito torna-se objeto na fissura. Não é o sujeito que está rachado na fissura, dividido em dois, ou fragmentado, antes não precisa haver sujeito — aquela figura que a filosofia tradicional entende como o suporte do pensamento — para que haja fissura. A fissura é justamente a sua ausência, mas no âmbito de um "estar não sendo", do que é enquanto não é. Seja religiosa, seja consumista, seja capitalista, seja sexual, seja toxicômana, a fissura é sempre devota. Ela tem a sua igreja, os seus deuses, os seus chás e elixires, as suas mercadorias fetichizadas. Fissurado é aquele que se crava no verdadeiro como aquilo que restitui o buraco criado, ele mesmo e seu apoio, ele mesmo e a sua arma. Por que ele se crava a si mesmo? Justamente porque se perdeu de si. Antes da rachadura ele estava inteiro, mas apenas como o prato que um dia pode ser rachado do qual falou Fitzgerald. A fragilidade já era a matéria da sua forma. A rachadura sempre foi possível e, no entanto, estar fissurado é poder subsistir apesar de sua derrocada.

    O fissurado mimetiza o objeto, se confunde com ele, buscando aconchego num absoluto porque perdeu o sentido que, fora da fissura, é sempre relativo. Por isso é que os fissurados nos dão a impressão de um vazio que pode também parecer um cheio. E só desligam do objeto onde fissuram se ele mostra sua insuficiência. Uma insuficiência com a qual não podem viver. Daí a permutabilidade, a fungibilidade daquilo que fissura e a flutuação daquele que se fissura. Daí a eterna busca de uma substância que seja referente à possibilidade de trocar Deus pelas Drogas, ou o Sexo pelo Álcool. A droga, Deus, o amor ou o sexo, os objetos do consumo são os fetiches da permutabilidade, o caráter de troca daquilo que, em última instância, é a mercadoria. O fissurado se relaciona com seu objeto ao nível religioso e a religiosidade do objeto se faz ver em sua própria descartabilidade. É porque posso adorar a outro Deus que é preciso dizer dogmaticamente que há um só. Trocar de droga é trair um ídolo que prometia preencher o vazio. Vazio ou cheio, a fissura é total porque promete algo total, seja alucinação, prazer, esquecimento, deleite, violência ou transcendência. Ela oferece morte e vida e é por isso que se situa como o que há de mais poderoso na experiência de cada um. Daí a dificuldade de compreendê-la, sua origem e seu destino. Porque, sobretudo, a fissura é como aquela ideia de um *Deus absconditus*, um buraco, um abismo no qual se encontra, por oposição, uma totalidade. E um abismo que tem seu ritual. O ritual que se coloca em torno de um buraco que parece parir a vida enquanto a devora.

Diante da fissura, dentro da fissura, desse buraco geral visto e vivido por todos, de um modo ou de outro, mais cedo ou mais tarde, os seres humanos se desesperam. No desespero agem sem saber o que fazem porque já não é possível pensar no que fazem. Há algo de regra, de lei, na forma fissurada com que nossa sociedade se expõe nessa forma desesperada de ser. Pessoas fissuradas agem sem pensar, compulsiva e obsessivamente, repetindo o mais do mesmo, seja a toxicomania, seja a esteticomania, seja o consumomania. O desespero não significa falta de esperança, mas a crença de que não é preciso esperar, de que o prazer imediato, de que o sentido imediato está disponível.

SOCIEDADE FISSURADA

O apego humano a objetos e mercadorias faz pensar nessas substâncias hipostasiadas que se antepõem a outras experiências, tornando-se o centro do sentido na vida das pessoas. Longe de ser uma experiência única, toda prática de fissura é tentativa de superar outra fissura fazendo-se superfície. Característica da fissura é que ela se coloque como superficialidade que vem ocultar a fissura. A fissura é, portanto, tanto o ocultado, o escondido, o recalcado, quanto o que vem costurá-los. As formas práticas da fissura escamoteiam a fissura, o buraco que a caracteriza. É essa falsificação pela própria verdade da coisa que vem defini-la.

O reconhecível da fissura, sua representação ou sintoma, define-se na remessa a uma verdade dada na superfície. Essa superfície é a representação por trás da qual há um corpo irrepresentável. Toda fissura está, nesse sentido, ligada a uma idealização, a do objeto-fio-que-costura-o-vazio dando a impressão de uma sutura. Daí o projeto da racionalidade dualista da qual o capitalismo é a face mais radical. A fissura nos habita como dualismo, como capitalismo, como espetáculo na era do adeus ao corpo e à miséria do sentido.

Referências

ADORNO, Theodor. *Minima moralia*. Luiz E. Bicca (Trad.). São Paulo: Ática, 1992.

_____. *Palavras e sinais. Modelos críticos 2*. Maria Helena Ruschel (Trad.). Petrópolis: Vozes, 1995.

ADORNO, Theodor; HORKHEIMER, MAX. *Dialética do esclarecimento*. Guido de Almeida (Trad.). Rio de Janeiro: Jorge Zahar Editor, 1986.

AGAMBEN, Giorgio. *O que é o contemporâneo e outros ensaios*. Vinicius Honesko (Trad.). Chapecó: Argos, 2009.

_____. *Profanações*. São Paulo: Boitempo, 2007.

ALMEIDA, Maria Isabel Mendes de; EUGENIO, Fernanda. "Paisagens existenciais e alquimias pragmáticas: uma reflexão comparativa do recurso às 'drogas' no contexto da contracultura e nas cenas eletrônicas contemporâneas". In: ALMEIDA, Maria Isabel Mendes de; NAVES, Santuza Cambraia (Orgs.). *Por que não?: rupturas e continuidades da contracultura*. Rio de Janeiro: 7 Letras, 2007.

ALVES, Marcelo Mayora. *Entre a cultura do controle e o controle cultural: um estudo sobre as práticas tóxicas na cidade de Porto Alegre*. Rio de Janeiro: Lumen Juris, 2010.

ARENDT, Hannah. *Eichmann em Jerusalém*. São Paulo: Companhia das Letras, 1999.

_____. *Sobre a violência*. André Duarte (Trad.). Rio de Janeiro: Relume Dumará, 1994.

ARISTÓTELES. *Ética a Nicômaco*. Edson Bini (Trad.). São Paulo: Edipro, 2009.

BAUDELAIRE, Charles. *Os paraísos artificiais*. José Saramago (Trad.). Rio de Janeiro: Ediouro, 2005.

BECKER, Howard S. *Outsiders*. Maria Luiza de Borges. (Trad.) *Estudos de sociologia do desvio*. Rio de Janeiro: Jorge Zahar Editor, 2008.

BENJAMIN, Walter. *Haxixe*. Flávio de Menezes e Carlos Nelson Coutinho (Trad.). São Paulo: Brasiliense, 1984.

_____. "Onirokitsch". In: *Onirokitsch, Walter Benjamin y el surrealismo*. Buenos Aires: Manantial, 1998.

_____. "A Obra de Arte na Era de Sua Reprodutibilidade Técnica". In: *Magia e técnica, arte e política. Ensaios sobre literatura e história da cultura*. Obras Escolhidas v. I. São Paulo: Brasiliense, 1985.

BEZERRA JR, Benilton. "Da contracultura à sociedade neuroquímica: psiquiatria e sociedade na virada do século". *In*: ALMEIDA, Maria Isabel Mendes de; NAVES, Santuza Cambraia (Orgs.). *Por que não?: rupturas e continuidades da contracultura*. Rio de Janeiro: 7 Letras, 2007.

BULGÁKOV, Mijaíl. *Morfina*. Barcelona: Anagrama, 2008.

BURGIERMAN, Denis Russo. *O fim da guerra. A maconha e a criação de um novo sistema para lidar com as drogas*. São Paulo: Leya, 2011.

CABRERA, Julio. *O cinema pensa*. Rio de Janeiro: Rocco, 2006.

CAMUS, Albert. *O mito de Sísifo*. Ensaio sobre o Absurdo. Mauro Gama (Trad.). Rio de Janeiro: Guanabara, 1989.

DE QUINCEY, Thomas. *Confissões de um comedor de ópio*. Ibañes Filho (Trad.). Porto Alegre: L&PM, 2001.

DEBORD, Guy. *A sociedade do espetáculo*. Estela dos Santos Abreu (Trad.). Rio de Janeiro: Contraponto, 1997.

DELEUZE, Gilles. *Lógica do sentido*. Luiz R. Salinas Fortes (Trad.). São Paulo: Perspectiva, 2009.

DERRIDA, Jacques. *A farmácia de Platão*. Rogério da Costa (Trad.). São Paulo: Iluminuras, 2005.

_____. *Khôra*. Nícia A. Bonatti (Trad.). Campinas: Papirus, 1995.

DIAS, Andréa Costa. *Crack — Reflexões para a abordagem e enfrentamento do problema*. Rio de Janeiro: Civilização Brasileira, 2012.

DUARTE, Rodrigo. *Dizer o que não se deixa dizer: para uma filosofia da expressão.* Chapecó: Argos, 2008.

EAGLETON, Terry. *Marx.* Marcos Oliveira (Trad.). São Paulo: Unesp, 1999.

ESCOHOTADO, Antonio. *Historia general de las drogas.* Madri: Espasa Calpe, 1998.

FITZGERALD, F.S. *The Crack-Up.* Edmund Wilson (Ed.). Rosaura Eichemberg (Trad.). Porto Alegre: L&PM Pocket, 2007.

FLUSSER, Vilém. *Filosofia da caixa preta.* Rio de Janeiro: Relume Dumará, 2002.

FOUCAULT, Michel. *História da loucura na idade clássica.* São Paulo: Perspectiva, 1989.

_____. *História da sexualidade.* Maria Thereza Albuquerque e J.A. Guilhon Albuquerque (Trad.). Rio de Janeiro: Graal, 1999.

_____. *Microfísica do poder.* Roberto Machado (Org. e trad.). Rio de Janeiro: Graal, 1979. 12ª ed. Rio de Janeiro: Graal, 1996.

_____. *O nascimento da clínica.* Roberto Machado (Trad.). Rio de Janeiro: Forense Universitária, 2008.

_____. *Segurança, território, população.* Eduardo Brandão (Trad.). São Paulo: Martins Fontes, 2008.

FREUD, Sigmund. *O futuro de uma ilusão. O mal-estar na civilização e outros trabalhos.* V. XXI. Rio de Janeiro: Imago, 1996.

GOLDENBERG, Ricardo. *No círculo cínico ou Caro Lacan, por que negar a psicanálise aos canalhas?* Rio de Janeiro: Relume Dumará, 2002.

GURFINKEL, Décio. "O episódio de Freud com a cocaína: o médico e o monstro". *Rev. Latinoam. Psicopat. Fund.*, São Paulo, v. 11, n°. 3, pp. 420-436, setembro, 2008.

_____. *Adicções. Paixão e vício.* São Paulo: Casa do Psicólogo, 2011.

HERMANN, Kai; RIECK, Horst. *Eu, Christiane F., 13 anos, drogada, prostituída.* Maria C. Marcondes (Trad.). 52ª. ed. Rio de Janeiro: Bertrand Brasil, 2011.

HORTA, Rogério Lessa *et al. Drogas e internet.* São Leopoldo: Sinodal, 2009.

HUXLEY, Aldous. *As portas da percepção e céu e inferno.* Osvaldo de Araújo Souza (Trad.). Rio de Janeiro: Globo, 1987.

KAFKA, Franz. "Diante da Lei". *In: Um médico rural.* Modesto Carone (Trad.). São Paulo: Companhia das Letras, 1999.

KIERKEGAARD, Soren. *O desespero humano.* Adolfo C. Monteiro (Trad.). São Paulo: Unesp, 2010.

KLEIN, Naomi. *Sem logo. A tirania das marcas em um planeta vendido.* Rita Vynagre (Trad.). Rio de Janeiro: Record, 2009.

KOJÈVE, Alexandre. *Introdução à leitura de Hegel.* Estela dos Santos Abreu (Trad.). Rio de Janeiro: Uerj/Contraponto, 2002.

KRAUT, Richard *et al. Aristóteles, a Ética a Nicômaco.* Alfredo Storck *et al.* (Trad.). Porto Alegre: Artmed, 2009.

LACROIX, Michel. *O culto da emoção.* Rio de Janeiro: José Olympio, 2006.

LE BRETON, David. *Adeus ao corpo. Antropologia e sociedade.* Marina Appenzeller (Trad.). Campinas/São Paulo: Papirus, 2011.

LÉVI-STRAUSS, Claude. *O pensamento selvagem.* Tânia Pellegrini (Trad.). Campinas: Papirus, 2006.

LINS, Daniel. *O último copo: álcool, filosofia e literatura.* Rio de Janeiro: Civilização Brasileira, 2013.

_____. "Crueldade do devir e corpo-drogado". *In: Verve.* V. 6. São Paulo: PUC, 2004.

MELMAN, Charles. *Alcoolismo, delinquência, toxicomania — Uma outra forma de gozar.* Rosane Pereira (Trad.). São Paulo: Escuta, 1992.

MCKENNA, Terence. *O pão dos deuses. Em busca da árvore do conhecimento original.* Luís Torres Fontes (Trad.). Porto: Via Óptima, 2004.

MV BILL; ATHAYDE, Celso. *Falcão — Meninos do tráfico.* Rio de Janeiro: Objetiva, 2010.

NIETZSCHE, F. *Sobre verdade e mentira no sentido extramoral.* São Paulo: Hedra, 2007. — Trad. Fernando de Moraes Barros.

SHOWALTER, Elaine. *Histórias histéricas. A histeria e a mídia moderna.* Rio de Janeiro: Rocco, 2004. Trad. Heliete Vaitsman.

SILVA, Eroy Aparecida; MICHELLI, Denise de. *Adolescência.* Uso e abuso de drogas: uma visão integrativa. São Paulo: FAP-Univesp, 2011.

SOUZA, Jessé. *A ralé brasileira: quem é e como vive*. Belo Horizonte: UFMG, 2009.

THOMPSON, Hunter S. *A grande caçada aos tubarões*. Camilo Rocha (Trad.). São Paulo: Conrad, 2004.

_____. *Hell's Angels*. Ludmila Hashimoto (Trad.). São Paulo: L&PM, 2008.

TÜRCKE, Christoph. *Filosofia do sonho*. Paulo Rudi Schneider (Trad.). Ijuí: Unijuí, 2010.

_____. *Sociedade excitada: filosofia da sensação*. A. Zuin et al. (Trad.). Campinas: Unicamp, 2010.

VARGAS, Eduardo Viana. "Fármacos e outros objetos sociotécnicos: notas para uma genealogia das drogas". In: LABATE, Beatriz Cayubi et al. *Drogas e cultura: novas perspectivas*. Salvador: UFBA, 2008.

VELHO, Gilberto. *Nobres e anjos. Um estudo de tóxicos e hierarquia*. Rio de Janeiro: FGV, 2008.

XIBERRAS, Martine. *A sociedade intoxicada*. Lisboa: Instituto Piaget, s/d.

_____. *As teorias da exclusão. Para uma construção do imaginário do desvio*. Lisboa: Instituto Piaget, s/d.

Filmografia

Coffe and Cigarretes (Sobre café e cigarros). Direção Jim Jarmusch, 2002.

Die Sehnsucht der Veronika Voss (O desespero de Veronika Voss). Direção R. W. Fassbinder, 1981.

Falcão — Meninos do tráfico. Direção MV Bill e Celso Athayde, 2006.

L'Argent (O dinheiro). Direção Marcel L'Herbier, 1928.

Le beau Serge (Nas garras do vício). Direção Claude Chabrol, 1958.

Leaving Las Vegas (Despedida em Las Vegas). Direção Mike Figgis, 1995.

More. Direção Barbet Schroeder, 1969.

Le feu follet (Trinta anos esta noite). Direção Louis Malle, 1963.

Panic in the Needle Park (*Os viciados*). Direção Jerry Schatzberg, 1972.

Porcile (*Pocilga*). Direção Pier Paolo Pasolini, 1969.

Quebrando o tabu. Direção Fernando Grostein Andrade, 2011.

Requiem for a Dream (*Réquiem para um sonho*). Direção Darren Aronofsky, 2000.

Scarface. Direção Brian de Palma, 1983.

The Basketball Diaries (*Diário de um adolescente*). Direção Scott Kalvert, 1996.

The Lost Weekend (*Farrapo humano*). Direção Billy Wilder, 1945.

The Trip. A Lovely Sort of Death. Direção Roger Corman, 1967.

Trainspotting. Direção Danny Boyle, 1996.

What is Brazil (*Brazil, o filme*). Direção Terry Gilliam, 1985.

Wir Kinder vom Banhof Zoo (*Eu, Cristiane F, 13 anos, drogada e prostituída*). Direção Uli Edel, 1981.

Textos da internet

FEIJÓ, Martin Cézar. *As portas do céu e do inferno.*
http://www.criabrasilis.org.br/arquivos/pdfs/122_anais_trabalhos_completos.pdf
http://www.fcm.unicamp.br/laboratorios/saude_mental/artigos/tcc/demanda_clinica.pdf

Parte II

Por que ainda falar sobre as drogas?

Na atualidade, o olhar que dispensamos às drogas, principalmente àquelas que recebem a alcunha de "substância ilícita", comporta um tom de reserva. Falar de droga tornou-se o mesmo que falar de perigo, proibição, abuso, irresponsabilidade, criminalidade, degradação. A ideia principal é a de que estamos diante de um grande Mal. A decisão pela droga é considerada no mínimo inconsequente. Previsões mais inflamadas chegam a apontá-la como "caminho sem volta" ou "sentença de morte". Sinônimo de problema ou grave custo social, é assim que a questão comparece no discurso da competência especializada e no imaginário coletivo.[67]

---

[67] O sociólogo Jessé Souza aponta uma hierarquia moral apenas implícita e não tematizada subjacente a todo imaginário social. Perceber a feição que essa hierarquia assume supõe entender os modos com que indivíduos e grupos sociais se percebem e se julgam mutuamente (Jessé Souza, *A ralé brasileira: quem é e como vive*).

Na tradição de pesquisa médica, medicamento também é chamado de droga. Embora hoje em desuso, os locais que se destinam à oferta e venda de remédios antigamente recebiam a designação de drogarias.

Um remédio prescrito pode precipitar uma série de reações físicas e mentais indesejáveis e diversas da qual ele, em tese, se prestaria. Trata-se do que conhecemos como efeito adverso, sinalizando a sensibilidade do paciente ao princípio ativo do medicamento ou aos outros elementos de sua composição. Temos ainda a interação medicamentosa como a resultante da influência recíproca de remédios conjugados. Aqui, novamente o que se verifica é um efeito ou conjunto de efeitos distintos do que seria o desejado.

Outra ocorrência peculiar é o chamado "efeito rebote", onde o que se produz é justamente uma inversão do efeito inicial do medicamento, ou seja, o oposto do pretendido, sinalizando uma volta, um retorno do estado clínico/mental que se buscava erradicar.

Importante frisar que o fármaco, portanto, dependendo das condições em que é administrado ou de por quem é ingerido, pode facilmente passar de *remédio* a *veneno*.

***

A distinção entre droga e medicamento não é tão destacada quanto se faz acreditar. Limitar o conceito de droga[68] a

---

[68] O termo possui origem holandesa — *droog* — e se refere aos produtos secos do ultramar. Dentre esses últimos, destacam-se as especiarias, inicialmente consideradas produtos de luxo. Posteriormente, tornaram-se mercadoria de consumo de massa e foram se incorporando à dieta cotidiana dos europeus e povos indígenas. Como bebida e alimento do corpo e da alma aludiam ao

substâncias de uso não médico é tentar forjar uma fissura que se encontra bem distante da realidade cotidiana. Essa frágil tentativa de delimitar o conceito colabora para a criação de dois mundos — o "nosso" e o "deles", o dos drogados — tão aparentemente destacados como água e óleo e pretensamente incomunicáveis.

As drogas, desde tempos remotos, sempre estiveram muito próximas do nosso dia a dia, quer queiramos admitir ou não. Embora seja evidente que seu estatuto tenha se modificado em função de contingências históricas e sociais.

Só para inserir mais elementos neste debate, o ópio já foi produto corriqueiro nas farmácias caseiras e era estocado com a naturalidade com que acumulamos provisões de antiácidos e antigripais em nossas prateleiras. Além de seu efeito sedativo, foi empregado como antitussígeno, antidiarreico e analgésico. Em 1804, a morfina pôde ser isolada e continua sendo até hoje muito utilizada em processos cirúrgicos, emergências hospitalares e ferimentos de guerra. O cânhamo, anteriormente aos anos 1930, possuía valor médico e figurava como um dos principais sedativos, sem contar sua ação antiespasmódica, analgésica, relaxante e estimuladora de apetite. A cocaína foi empregada durante anos como anorexígeno, inibidora do sono, da depressão e da fadiga. Sua utilização era reconhecida

---

prazer da degustação, da experimentação. Também é importante destacar que as drogas tiveram papel bastante relevante no circuito de trocas do sistema colonial, com especial ênfase para a aguardente e o tabaco, além das bebidas quentes e excitantes: chá, café e chocolate (Henrique Carneiro, *Pequena enciclopédia da história das drogas e bebidas*).

pela comunidade médica como eficiente anestésico local, especialmente em cirurgias oculares. Também foi usada contra indisposições gástricas e outros males.

Foi necessário esperar quarenta anos desde a introdução do ácido acetilsalicílico (a aspirina) para que se descobrisse que ele poderia causar hemorragia intestinal. Esperou-se ainda quase meio século desde o advento da amidopirina (nome comercial da novalgina) até se verificar que ela poderia produzir agranulocitose (doença aguda do sangue). Logo após a introdução da penicilina (ação antibiótica) percebeu-se que o organismo — apoiado no medicamento — poderia criar condições para resistir à sua ação, se encarregando de fazer prosperar a doença ao invés de debelá-la.[69]

Sejam produzidas no mercado legal pela indústria farmacêutica e de alimentos, ou então em âmbito clandestino, as drogas não têm sentido único. Tampouco finalidade única. Elas podem se prestar a promover bem-estar, acalmar os males, anestesiar a dor, alterar estado de consciência, gerar prazer, disposição, energia, aplacar angústia, causar mais sofrimento, precipitar a morte, curar, amortecer preocupações, aumentar vigor sexual, aguçar o apetite e muitos outros. Como mercadoria de consumo — legal ou ilegal — tende a movimentar a economia e gerar ganho financeiro. Serve também de paliativo frente a condições de existência historicamente determinadas, como foi o caso do álcool para os índios colonizados e os escravos

---

[69]Eduardo Viana Vargas, "Fármacos e outros objetos sociotécnicos: notas para uma genealogia das drogas".

vindos da África; ou da folha de coca para a população andina (aqui não entra em questão seu uso como elemento significativo na tradição cultural desses povos). Paliativo que hoje em dia pode ser conseguido, por exemplo, pela ação do Prozac: um contraponto químico a entorpecer a aridez da vida plastificando o estado de humor.

Bem, se as drogas se prestam a uma infinidade de sentidos e funções independentemente de seu estatuto de proibição ou liberação, então de onde vem a visão que temos delas como categoria tão restrita (e restritiva)? Visão que embasa nossa compreensão mais imediata e corriqueira.

A resposta reside numa modalidade de discurso que goza de extremo prestígio nos dias de hoje, que é chamado de discurso da ciência.

A junção da droga com a ciência fez dela um tóxico,[70] um *agente venenoso*. É curioso observarmos como a noção de toxicidade (que inclui, dentre outros, considerações sobre dosagem, ação neuroquímica e distúrbios resultantes) migrou de possível parte constituinte do fenômeno droga para, pela ação da ciência, tornar-se o todo da droga, numa assimilação unilateral. Verifica-se, assim, uma operação de restrição de sentido frente à polissemia que a droga comporta (incluem-se aqui as inúmeras modalidades de uso "não problemáticas"). Dessa nocividade forjada como intrínseca à substância deriva o domínio da repressão jurídica. É o discurso científico que legitima

---
[70] Jesus Santiago, *A droga do toxicômano: uma parceria cínica na era da ciência*, p. 18.

a presença da justiça a regulamentar os modos de uso que são ou não permitidos. Tanto a ciência quanto a lei passam a definir as fronteiras do possível e do útil, sendo o útil entendido como aquilo que deve servir ao avanço civilizatório, à ideia de progresso humano e de vida em sociedade. E, ao se instaurar a norma,[71] ou seja, o uso "devido" de uma droga, cria-se, no mesmo movimento, os modos de consumo indevidos e, portanto, o desvio. Desvio sinalizado pelas categorias diagnósticas de abuso e dependência que trazem na rabeira todo um aparato discursivo de ordem moral.

A ciência faz crer que a droga — tal como formulada por ela — existe em estado bruto na natureza. Essa visão essencialista reitera sua posição de observadora imparcial dos fenômenos que busca supostamente apenas conhecer.

Entretanto, como bem coloca Jesus Santiago, "não há droga na natureza". A noção de droga é absolutamente contingente ao contexto discursivo que a enuncia. Na sua operação de enunciação o discurso científico engendra

---

[71] O conceito de biopoder, entendido, em linhas gerais, como o poder sobre a vida, comporta dois polos de desenvolvimento: as disciplinas do corpo (anatomopolítica do corpo humano) e as regulações da população (biopolítica da população). Com o biológico refletindo-se no político alcançamos o "limiar de modernidade biológica". E o homem moderno torna-se o "animal, em cuja política, sua vida de ser vivo está em questão". A expansão dessa modalidade de poder repercutiu no regime do discurso científico e no sistema jurídico da lei orientando sua incidência em torno de mecanismos reguladores e corretivos, como requer a gestão da vida. Mecanismos de normatização. Decorre daí que a lei passa a funcionar crescentemente como norma "e que a instituição jurídica se integra cada vez mais num contínuo de aparelhos (médicos, administrativos) cujas funções são, sobretudo, reguladoras. Uma sociedade normalizadora é o efeito histórico de uma tecnologia de poder centrada na vida" (Michel Foucault, *História da sexualidade*, pp. 156, 157).

objetos e produz saberes. Embora saiba do que é capaz, o homem da ciência desconhece o que produz com seu fazer, especialmente aquilo que incide sobre o corpo (não o corpo anatomizado, mas o corpo vivo, intensivo). Eis aí seu "ponto de ignorância".[72]

A ciência, por intermédio, por exemplo, da síntese química, faz aparecer objetos mudando a estrutura do real. A droga intitulada por muitos como *gadget* (artefato técnico-científico, "bugiganga") tornou-se integrante legítimo do universo dos bens de consumo altamente cobiçados, alardeando seu valor de puro gozo.

Ausente do campo visado de ação da ciência, o corpo pulsante, que goza e goza de si mesmo — também por intermediação da droga — toma a dianteira. É ele que vai fruir dos objetos científicos na cena contemporânea. E isso vem a ser o que se pode chamar de "efeito colateral" do fazer científico no mundo.

Um fazer aliado ao capitalismo que veio imprimir velocidade na preparação e distribuição de suas mercadorias em regime de larga escala. Interessante pensar que as drogas figuram como "crias" legítimas desse modo de produção. Modo de produção que permitiu o processo de "destilação" das substâncias, transformando a folha de coca em pó de cocaína e o ópio em morfina e heroína. Transmutação que implica a potencialização da eficácia do efeito psicoativo, numa aceleração do frenesi e do arrebatamento, contribuindo para a própria constituição do consumo compulsivo.

---

[72]Jesus Santiago, *A droga do toxicômano: uma parceria cínica na era da ciência*, pp. 147-149.

A droga figura como o protótipo da mercadoria e especialmente no contexto da compulsão cumpre com excelência aquilo para o qual ela se presta, ou seja, ao consumo. Ícone do poder atrativo da mercadoria, promove uma rápida e prolongada adesão ao produto. Temos aqui o caso bastante ilustrativo do crack. Artefato prontamente alçado a objeto de primeira necessidade, o crack — em seu padrão de uso intensificado — precipita a inversão da relação de consumo e a mercadoria se apossa de seu consumidor. De efeito veloz e curta duração, seu "modo de funcionamento" colabora para novas "pipadas", imprimindo um ritual circular e crescente, cumprindo com mérito o famoso slogan das campanhas publicitárias do "você não vai mais conseguir viver sem ele".

***

Despontando como *data* e ratificando as pré-construções do senso comum, o *problema* da droga, conforme se convencionou chamar, não toca em sua prerrogativa maior, a de ser questão socialmente produzida. O trabalho coletivo e historicamente datado de construção desse objeto, do modo como é compreendido e falado nos dias de hoje, pouco é problematizado. Essa problematização implica também considerarmos seu elemento de arbitrariedade. Assimilamos o discurso hegemônico como se tudo de mais relevante já tivesse sido dito, como se nele residisse o "tesouro" da droga.

E, no entanto, o que vemos é uma discussão rarefeita, fechada sobre si mesma, a perseguir o próprio rabo numa circularidade estéril. Discussão que se processa no plano de um regime de dualidades — "a favor" ou "contra" — nos revelando a pequenez de seus domínios e desfazendo a aparente disponibilidade para a efetiva conversação. Com efeito, o que se verifica é a astúcia de uma engrenagem de controle e empobrecimento do debate no seio da qual nós, seus participantes, somos transformados em fantoches apassivados diante de um objeto-tabu.

Pierre Bourdieu, sociólogo bastante conhecido, em seu trabalho O *poder simbólico*, discute uma modalidade de poder que não é de ordem física ou econômica e que encontra sua eficiência justamente no modo com que é reconhecido como legítimo, ou seja, ignorado como arbitrário. Ao invés de reprimir, esse poder, que é de natureza simbólica, cria, produz e se confirma pela crença, "crença na legitimidade das palavras e daquele que as pronuncia". O que está em jogo são relações de força, cuja violência está bastante presente, sob a condição de não se fazer ver.

O autor fala do poder simbólico "como poder de constituir o dado pela enunciação, de fazer ver e fazer crer, de confirmar ou de transformar a visão do mundo, portanto o mundo".

O poder simbólico atravessa o discurso da ciência, discurso amplamente assimilado pela medicina, incluindo aqui setores acríticos da psiquiatria, que buscam se firmar como os grandes detentores da retórica em torno da droga no cenário nacional (a subsidiar a ação da lei e das "terapêuticas" em geral, incluindo a religiosa). Lembrando que o discurso, em sua ligação com o desejo, revela aquilo pelo que se luta, ou seja, o poder do qual nos queremos apoderar.[73] O que se verifica no país é uma disputa constante pela legitimidade simbólica apoiada na retórica mais do que consubstanciada, pois que baseada em "evidência". Retórica que venha fornecer as categorias discursivas ao redor das quais a questão será debatida, compreendida e trabalhada. Na luta pelo "poder dizer", naquilo que ele encerra de transformador do mundo e da realidade, há um jogo de forças e uma pressão incessante na direção do achatamento de novas versões/visões, do silenciamento das dissonâncias.

Pegamos de empréstimo a noção de formação totalitária para aproximá-la do que podemos chamar de discurso totalitário em torno da questão da droga. Inserido no laço social, esse discurso encerra significações de caráter extremamente fechado, transmitindo a sensação de que "assim é". Não há brecha ou fissura para que alterações e outras significações possam advir. Isso se traduz, por exemplo, na bastante comum discussão a respeito de se erigirem protocolos de "consenso" em torno de procedimentos e intervenções "consagradas" que guiem o profissional da saúde a respeito de como agir: as chamadas "boas práticas".

Diante desse brutal cerceamento do discurso da droga resta-nos indagar o que fica de fora, ou seja, o que é excluído desse vasto território?

Michel Foucault fala de uma *logofobia,* do pavor pela massa de coisas ditas, pelo surgir da variedade dos enunciados, naquilo que dessa variação possa advir de violento,

---
[73]Michel Foucault, *A ordem do discurso.*

de descontínuo, combativo, desordenado e perigoso. Medo brutal "desse grande zumbido incessante e desordenado do discurso".[74] Zumbido que se origina da diversidade e complexidade da realidade concreta.

Ainda falando a respeito dos saberes médicos e de seu raio de ação sobre a questão da droga, podemos tomar como exemplo a noção de risco.

De origem latina, o termo risco, em sua base, alude às viagens marítimas que visavam chegar a lugares que ainda não haviam sido cartografados. Risco, nesse caso, envolvia dois sentidos: perigo e oportunidade.[75] Observa-se uma ideia central de incerteza e outra ligada à possibilidade de exploração de novos domínios.

Entretanto, como "matriz ideológica do mundo contemporâneo", risco se transformou em categoria política, fazendo recair sobre qualquer tipo de agente (nações, religiões, povos, comportamentos, substâncias) a aura de ameaça.[76] Numa operação de restrição de sentido tornou-se sinônimo de perigo e culpa.

E é justamente no assunto "consumo de drogas" que a noção de risco se sobressai e demonstra toda sua eficácia. Basta verificarmos uma expressão médica bastante utilizada: "Não há consumo de droga que seja isento de risco."

Pela frase citada encontram-se invariavelmente atrelados os termos "droga" e "risco". Conforme o processo de construção lógica, é o risco que desponta sobre qualquer

---

[74] Ibidem, p. 50.
[75] Anthony Giddens, *Mundo em descontrole*.
[76] Maurício Fiore, "Prazer e risco: uma discussão a respeito dos saberes médicos sobre uso de 'drogas'", pp. 47, 48.

outra característica, prioritariamente. A frase tal como formulada torna a noção de risco categoria definidora da droga, "o perigo está na droga".

Nesse sentido, temos uma questão que se deslocou de suas interrogações centrais: falar de risco é falar de permissão, de proibição, de ação repressiva, de forma de produção, distribuição e venda dentro ou fora da legalidade, de desregulamentação, de quantidade, grau de pureza e adulteração, de condições mais ou menos higiênicas de consumo, de redução de danos e muitos outros. O risco deixa de ser uma probabilidade contingente à interação entre uma série de variáveis para se tornar um absoluto da droga. E essa ideia reforça a exigência da abstinência (o conceito verdade inquestionável) como única modalidade de atitude possível e sensata frente à ameaça que a droga representa. Ameaça que se soma a outra ideia de risco entendida agora como risco da criminalidade. É a partir do século XX que o consumo de certas drogas (incluindo o álcool quando da vigência da Lei Seca) se alia à condição de infração, numa nova guinada de sentido que passa a realçar seu caráter marginal. Ora, a constituição do binômio droga-crime barra, cerceia — pelo menos em tese — qualquer modalidade de consumo da substância (incluindo o eventual "não problemático"). Esse binômio, enquanto dispositivo de controle, força necessariamente a adoção de um comportamento abstêmio, já que usar a droga supõe incidir e reincidir no ato delituoso.

***

Para concluir esta parte do ensaio precisamos falar do legado que Freud (e a psicanálise) nos deixou em relação a um novo modo de pensar a questão da droga, fundamentado em sua experiência profissional e pessoal com a cocaína. Sem entrar em muitos detalhes, o que interessa aqui é descrever um processo de "virada", de passagem do olhar sobre a droga, calcado na tradição médica, para outro que recupera o sujeito da experiência.

Freud, quando jovem, foi um entusiasta da cocaína durante alguns anos. Acreditava que estava diante de uma grande descoberta científica, de uma "droga mágica" capaz de realizar a cura de diversos males do corpo e das emoções. Chegou a se autoadministrar a droga, além de prescrevê-la a pacientes e pessoas muito próximas (incluindo a noiva Martha). Dizia que para si a cocaína funcionava como um contundente revigorante e o retirava de incômodos estados depressivos.

Diante de seus interlocutores do campo da psiquiatria, Freud enaltecia o valor terapêutico da cocaína e entrevia seu emprego numa função muito similar ao que desempenham os psicofármacos atualmente, em especial os antidepressivos.

A atitude de Freud de vislumbrar nessa substância uma panaceia é representativa da relação do saber médico com suas drogas. Hoje em dia podemos fazer uma comparação com o Viagra, que desponta como a "salvação química" para as angústias e incertezas ligadas à fragilidade do corpo e à potência-impotência diante da vida e das relações. Essa droga, que se tornou tão popular não apenas entre homens mais velhos, mas também nos grupinhos de adultos jovens, passou a operar como modo de resposta à exigência social de se estar sempre "na crista da onda".

Mas, voltando a Freud, ele — ao longo de sua relação com a cocaína — foi sofrendo um penoso processo de desconstrução do que se pode chamar de onipotência terapêutica. Chegou a presenciar a agonia de um grande amigo para quem havia receitado cocaína como forma de tratamento contra uma dependência inicial de morfina, contraída por conta de um acidente que culminara na amputação, seguida de dores agudas, de um dos polegares.

Aos poucos, Freud descobriu que a droga não possuía de fato um valor em si. Suas reações apresentavam descontinuidades, variando de pessoa para pessoa. A cocaína se subordinava a fatores exteriores a ela e precipitava efeitos que não eram os mesmos, invariavelmente, e que, portanto, tornavam-se impossíveis de se prever.

Nesse caso, a ênfase deslocava-se da substância e passava a incidir sobre a particularidade, a idiossincrasia da relação sujeito-droga (descortinando este impossível da ciência que é justamente o manejo das particularidades). Freud compreendia assim, a duras penas, que a droga não possuía papel autônomo, desatrelado de sua rede relacional. Caía por terra o *furor curandis* próprio ao saber médico e a "utopia quimioterápica".[77]

A herança deixada por esse episódio de Freud e a cocaína nos permite ter um olhar mais crítico em relação aos discursos que se centram exclusivamente na droga,

---

[77]Décio Gurfinkel, *Adicções: paixão e vício*, p. 124.

como se ela por si — como muito bem colocou Marcia Tiburi — "contivesse" o vício. Discursos que tendem a desconsiderar por completo — como se fosse mero detalhe — o sujeito implicado nessa experiência. Vale lembrar: sujeito inserido na cultura.

Notas sobre a toxicomania

Nesta parte do ensaio quero discutir com mais detalhamento um corpo de ideias relacionadas à toxicomania, termo que alude a uma espécie de mania pela droga, ou, melhor dizendo, necessidade imperiosa de se intoxicar. Mas antes disso é preciso pontuar uma diferença bastante fundamental: usuário de droga não é o mesmo que toxicômano. Embora o toxicômano possa também ser considerado um usuário de droga, grande parte dos usuários de drogas — pesadas ou não pesadas — não é e nem se tornará toxicômano.

Além disso, é importante destacar que toxicomania não é doença. Isso sugere que ela não depende do poder de ação de um agente etiológico, no caso a droga, para se instalar. É claro que a droga está implicada no processo de constituição da toxicomania, mas sem ser fator determinante. Não é a droga que faz o drogado.[78] Se assim o fosse, todos aqueles que já experimentaram, consumiram ou consomem droga não escapariam de uma espécie de destino toxicômano; o que não se verifica. A toxicomania não integra um quadro diagnóstico próprio. Não existe o toxicômano enquanto categoria dotada de características bem demarcadas. As razões pelas quais os sujeitos aderem às drogas são múltiplas, assim como a função que elas perfazem é absolutamente variável e ao mesmo tempo singular. Impossível, portanto, tratarmos daquele que se vincula intensa e inapelavelmente à droga enquanto um absoluto. Nesse sentido, também cabe colocarmos em questão diretrizes terapêuticas de tratamento que preconizam protocolos de abordagem prescritivos, de produção de subjetividades padronizadas, modelo standard.

---

[78]Numa crítica ao que denomina de "clínica segregativa", centrada na droga e indiferente ao sujeito do inconsciente, Antonio Beneti recorre a Hugo Freda e sugere uma inversão da lógica corrente no sentido de que "o toxicômano faz a droga!" Dessa forma, mantidas as mesmas palavras, o foco desloca-se do objeto-droga para o sujeito. Para Beneti é preciso "dar a palavra ao sujeito para que ele venha nos dizer o que ele, inconscientemente, quer com o consumo de drogas. O que ele quer com esse objeto, e não o porquê do uso de drogas. Qual a importância desse objeto, qual o lugar desse objeto, qual a função desse objeto droga" (2010).
Charles Melman nos conta de uma experiência em comum com um colega da faculdade de medicina em que ambos passaram a consumir anfetaminas a fim de se manterem acordados durante os estudos para as provas. O colega tornou-se toxicômano, ao passo que Melman não teve nenhum prejuízo ou vantagem "além de ficar estudando algumas horas a mais". Para o autor, aliada à grande mágoa pelo destino trágico do parceiro, restou um questionamento de por que um "tornou-se toxicômano e morreu jovem e um outro, que estava ao lado, ficou totalmente indiferente". Melman sugere que a toxicomania não é um efeito puramente mecânico e "que não se torna toxicômano quem quer" (*Novas formas clínicas no início do terceiro milênio*, p. 107).

Mas, então, o que dizer daquele que se torna toxicômano? A toxicomania é correlata a um modo de estar no mundo, a uma determinada forma de viver em que a droga ganha estatuto de centralidade, sendo a relação com a substância da ordem de um encontro: encontro entre corpo, psiquismo e droga. Se inicialmente o sujeito podia se servir da droga como lhe aprouvesse, aos moldes de um acessório opcional, na vigência da toxicomania ocorre justamente o contrário, ele passa a estar a serviço dela, que se torna então indispensável. Daria para acrescentar aqui uma segunda elaboração. Como bem colocado por Gustavo Satler Cetlin,[79] o toxicômano realiza a gestão do corpo num trânsito incessante entre satisfação e sofrimento.

Falando em corpo, a toxicomania aponta para a relação do sujeito com determinado modo de gozar. Sempre lembrando que a noção de gozo é justamente aquela que não se limita ao prazer enquanto mero idílio, mas admite um além dele, ou seja, um quantum de angústia, de tormento, de "namoro" com a morte. O gozo é da ordem de uma "imensa fruição matizada de dor".[80]

A toxicomania sugere o manejo da existência a partir do corpo.[81] Mas não caminha propriamente pela via clássica do sintoma, já que o sintoma implica em recalque e

---

[79] Gustavo Satler Cetlin, "O tratamento ao usuário compulsivo de crack: fissuras no cotidiano profissional".
[80] Giulia Sissa, *O prazer e o mal: filosofia da droga*, p. 66.
[81] "Inúmeras vias de acesso ao não desprazer são-nos acessíveis, mas há uma que se impõe como a mais curta, visto que poupa o desvio pelo mundo exterior e vai, pelo contrário, direta ao próprio lugar onde eu sinto volúpia ou dor: o corpo" (Giulia Sissa, *O prazer e o mal: filosofia da droga*, p. 177).

veicular uma verdade a respeito do sujeito. Dessa forma, ela é menos da ordem da representação e mais do ato, da ação repetida sobre o corpo.

Não é à toa que o psicanalista Décio Gurfinkel, em seu livro *Adicções*, a aproxima do conceito freudiano de neurose atual. Joel Birman, também psicanalista, seguindo essa mesma lógica, debate a questão da toxicomania tomando-a como uma perturbação do ato, ou melhor, uma hipertrofia da ação.[82] Claude Olievenstein refere-se a uma "vivência em ação".[83] De todo modo, o que sobressai nessa condição é, como já foi dito, a ação que se repete freneticamente e se impõe sobre o trabalho psíquico de processamento das excitações. O ato como pura descarga de um excesso de excitação que não pôde ser representada, tendo ficado sem sua roupagem de sentido. A toxicomania aqui comparece como "ação de caráter impulsivo e irrefreável",[84] da qual — como modo de satisfação — não se pode abrir mão. O simbólico perde pujança e terreno. O real do corpo, da ação e da droga ganha espaço. Ordem do puro acontecimento que, no caso, se desliga da palavra. Onde há adesão metódica e intensiva à droga "o sujeito da palavra" silencia.[85]

---

[82] Joel Birman, *Arquivos do mal-estar e da resistência*.
[83] Claude Olievenstein, *A vida do toxicômano*.
[84] Décio Gurfinkel, *Adicções: paixão e vício*, p. 48.
[85] Curioso notar que nas abordagens dos profissionais da assistência e saúde aos usuários de crack em trânsito pelas ruas há, em geral, um acordo implícito de que na vigência do consumo não haja aproximação para a conversa. Apoiados na experiência cotidiana, esses profissionais comentam que nesses momentos os usuários não "querem saber de papo".

Verificamos uma espécie de ato "carreira solo" que prescinde do Outro. E o corpo, tomado pela satisfação, não "faz ponte", evadindo-se do fluxo das trocas com o mundo. As drogas, portanto, oferecem independência em relação ao mundo exterior, dão prazer imediatamente e poupam do desvio, da intermediação com as pessoas e as coisas.

Giulia Sissa nos diz que o benefício do atalho pela ação da droga é tentador, mas

> somos apanhados numa ratoeira infernal: a energia que esperávamos poupar, estamos a desperdiçá-la; os desejos específicos que queríamos adormecer para não lhes sentirmos o desconforto deram lugar a uma necessidade infinitamente mais intolerável; aos objetos que não tivemos vontade de ir afastar por esse vasto mundo, substitui-se num produto pelo qual estamos dispostos a tudo. O quebrador de preocupações primeiro dissolveu toda a inquietude na descontração, para depois se transformar numa preocupação esgotante, na qual se precipita a nossa vida.[86]

O advento da toxicomania transforma a escolha inicial pela droga numa injunção, um dever consumir. Esse processo acompanha outra alteração, a saber, o deslocamento da ordem do desejo para a da necessidade. No recurso à droga entra em jogo a imperiosa sobrevivência. Segundo Gurfinkel, estamos diante da *biologização da*

---
[86]Giulia Sissa, *O prazer e o mal: filosofia da droga*, pp. 179, 180.

pulsão, num movimento de "reversão da lógica do apoio, já que aquilo que deveria ser da ordem do desejo — tenho vontade de tomar uma taça de vinho — ganha a forma de uma necessidade — eu preciso beber".[87]

A droga na toxicomania é única, só ela parece satisfazer. O toxicômano depende da droga e na sua ausência simplesmente não se aguenta. Ela torna-se objeto que detém o sujeito e ocupa todo o tempo — "o drogado vive no tempo da droga, pela hora da droga"[88] — substituindo os demais interesses cotidianos. Qualquer descontinuidade gera uma imensa crise, pois sem a presença da droga no corpo "nada está no lugar, nada funciona", sendo que o consumo vai progressivamente se prestando a restabelecer apenas um "mínimo existencial".[89]

***

A fissura na toxicomania toca a questão da imagem de si. Olievenstein refere-se a um momento específico de ruptura que denomina de estágio do espelho partido, no qual — por uma série de contingências — há uma quebra no sistema mãe-filho. Uma imagem[90] se constitui para logo em seguida se partir, tornando-se dispersa, vacilante, instável e, portanto, sensível à presença de uma prótese, um ponto de basta. Aqui entra a função da droga como

---

[87] Décio Gurfinkel, *Adicções: paixão e vício*, p. 52.
[88] Giulia Sissa, *O prazer e o mal: filosofia da droga*, p. 31.
[89] Ibidem.
[90] A construção subjetiva se apoia numa imagem primeira que se forma especularmente, a partir do olhar, do desejo de um Outro primordial dirigido ao sujeito.

"o cimento nas fendas de um muro", restaurando fragilmente uma unidade.

A identidade ofertada pela droga — "eu sou um drogado" — pode ser bastante reconfortante na medida em que realiza a função de colagem, ao mesmo tempo que reflete o contundente desmonte[91] e naufrágio de uma já anteriormente frágil condição subjetiva. Nesse sentido, a rápida adesão à "identidade drogadita" exprime não propriamente o êxtase, mas sim uma estase (estancamento), assim como o esforço por pronunciar um "eu" no lugar de um pronome de indistinção.[92]

A imagem partida, vacilante, implica simultaneamente o "reconhecimento e o reconhecimento impossível", indicando uma autonomia relativa e uma indistinção,

---

[91]Bill Clegg, conceituado agente literário de Nova York, narra o processo de estreitamento de sua relação com o crack quando o edifício de sua vida desmorona: "Vejo um bar vagabundo em algum lugar ao norte do Houston. Está aberto e vou direto ao banheiro. Tranco a porta, pego correndo o saquinho, o cachimbo e o isqueiro e fumo furiosamente. Evito olhar para o espelho, pois se eu for topar com algo horrível lá, ainda não quero ver, não antes de fumar um pouco. Abro a torneira para abafar o som do isqueiro. Coloco quase metade das pedras do saquinho no cachimbo e dou uma tragada gigantesca. Inalo o que me parece ser uma galáxia de fumaça e prendo a respiração até começar a sufocar. O banheiro vira uma nuvem branca, uma sauna de fumaça de crack, mas por sorte há uma janelinha acima da pia que eu abro imediatamente. Ao lado da pia há um espelho e, enquanto a fumaça espessa vai saindo devagar pela janela, eu me olho. Meus olhos estão verdes e vermelhos e a gola rulê do suéter está suja com o que parece ser uma pasta branca. O suéter e a jaqueta dão a impressão de ser três números maiores do que o meu e há uma meleca seca entupindo minha narina esquerda. Uma barba de muitas semanas tem fios negros misturados a brancos, louros e ruivos. Brancos? Vejo um velho me olhando do espelho; esquálido, trêmulo e assustado. Desgastado. Dou mais uma grande tragada no cachimbo e sopro a fumaça pela janela. Dou outra. E mais outra. Sento na privada e deixo que o crack mitigue o horror da manhã e que uma chama baixa de tranquilidade comece a se espalhar" (*Retrato de um viciado quando jovem*, p. 149).
[92]Jacques Hausson, *A crueldade melancólica*, p. 35.

uma perda de si mesmo. Essa perda insiste em reiterar o sentimento de um não lugar — "Não estou em lugar nenhum e não pertenço a lugar nenhum"[93] — bem como a impossibilidade da permanência. Verificamos o quão comum é a transitoriedade das situações de vida de um toxicômano, as oscilações, os "altos e baixos". Há uma frágil sustentação dos estados de calmaria. Em outras palavras, não há permanência razoavelmente duradoura.

Hausson refere-se a um "gozo louco" instaurado pela droga em que aquele que é sua presa tenta constituir "o fragmento faltante de uma imagem".[94] Diz do fracasso na constituição da identificação primária, "deixando aberta uma fenda que faria do infans um ser para quem nada parece poder dar contorno".[95]

Para quem nada parece poder dar contorno, a droga acomoda, provê ao toxicômano uma continência. Ela é invólucro que reveste o corpo fendido-fissurado protegendo-o da angústia, do transbordamento e do mal-estar.

A fissura encontra-se no tempo da urgência — "tudo, imediatamente".[96] Tempo do agora, infinitamente cruel e que pede para ser suspenso. A droga visa ao tempo e à existência em suspensão.[97]

---

[93] Bill Clegg, *Retrato de um viciado quando jovem*, p. 148.
[94] Jacques Hausson, *A crueldade melancólica*, p. 32.
[95] Ibidem, p. 33.
[96] As instituições que recebem o sujeito que faz uso recorrente e intensivo da droga se veem às voltas com o grande desafio de ter de lidar com o sentimento de urgência e a demanda por apaziguamento imediato. No tratamento, o que se busca é estender, esticar ao máximo o tempo do sujeito na instituição, "ganhar tempo", para que gradualmente ele se retire do lugar de objeto de socorro e possa assumir uma posição interrogativa sobre si.
[97] Claude Olievenstein, *A vida do toxicômano*, pp. 33, 35.

No plano da alegoria, o corpo fissurado é "corpo glutão" a demandar avidamente a droga como seu objeto-alimento. Entretanto, tal objeto comporta o que se pode chamar de efeito rebote, pois que excita ainda mais o apetite, ao invés de debelá-lo. O "corpo glutão" é incapaz de deixar de sentir, nem que seja por um breve período de tempo, a sensação de vazio. À medida que se preenche com a droga vai cavando em seu interior um buraco ainda mais fundo.

Utilizando-nos de outra imagem, o corpo fissurado se parece com uma ânfora[98] rachada, receptáculo perdulário que displicentemente deixa escoar todo o seu conteúdo. Ele não logra conter o que deveria nele acomodar-se. "Quanto mais se introduz, mais se perde."[99] Na presença da droga enreda-se em ato intensivo e circular, sempre prestes a recomeçar.

Em uma versão animal é possível ainda aproximá-lo a uma tarambola, pássaro que se esvazia na parte inferior do que ingere pelos membros superiores, à medida que vai se alimentando.

Para Bill Clegg, a fissura aparece como "exigência colérica" a determinar o movimento dos fios que o comandam, reduzido a uma débil marionete.

> [...] a única coisa que sinto à medida que a cidade vai despertando devagar lá fora são as exigências coléricas que há nas pontas dos fios que comandam a marionete.

---

[98]Objeto utilizado pelos gregos para armazenar suas reservas alimentares.
[99]Giulia Sissa, *O prazer e o mal: filosofia da droga*, p. 61.

Durante toda aquela interminável manhã, durante as horas arrastadas da tarde, e depois, elas vão sendo gritadas mais alto, vão se tornando mais insistentes: puxe com mais força, sacuda sem piedade, arranque o cartão de débito da minha carteira, os dólares dos meus bolsos, os trocos do meu casaco, os vestígios de cor dos meus olhos, a alma do meu corpo.[100]

---

[100] Bill Clegg, *Retrato de um viciado quando jovem*, p. 17.

O que nos aproxima dos fissurados?

No imaginário popular as toxicomanias gozam do estatuto de atributo individual, acenando, sobretudo, como problemática que compete unicamente àquele que dela "padece". Ignoramos que se trata do efeito de uma produção de ordem coletiva e, portanto, socialmente engendrada. Partimos do pressuposto de um indivíduo ou grupo de indivíduos toxicômanos, atravessados pela urgência da fissura, frente aos quais nada temos em comum. Entretanto, precisamos pensar a toxicomania como peça integrante de uma engrenagem maior, de onde se origina toda a força que a põe em movimento. É necessário nos perguntarmos a respeito das condições de emergência deste que o psicanalista Charles Melman chama de sintoma social,[101]

---

[101] "[...] Pode-se falar de sintoma social a partir do momento em que a toxicomania é de certo modo inscrita, mesmo que seja nas entrelinhas, de forma não explícita, não articulada como tal, no discurso que é o discurso dominante de uma sociedade em uma dada época" (Charles Melman, *Alcoolismo,*

seguros de que tais condições só podem ser identificadas no plano do discurso, dos ideais culturais alimentados cotidianamente e que organizam o laço social. Mas para isso precisamos nos remeter às transformações que se operaram na vida social e subjetiva com o advento da modernidade (a partir do século XVI) e da modernidade tardia (meados do século XX). A modernidade, posteriormente e de forma mais intensa a modernidade tardia, passou a demandar um modo de subjetivação não mais referido a um grande saber que conferisse amparo e estabilidade à existência. O mundo estável é aquele capaz de ofertar referências claras, de indicar exatamente o que é esperado de cada um com base no lugar designado pelo nascimento. Na direção contrária, temos uma subjetividade que perdeu o alento e o conforto da palavra de autoridade, tornando-se a resultante do fazer e das escolhas do indivíduo; categoria nascente de central relevância, alçada a medida de todas as coisas (indivíduo que se acredita autônomo em sua consciência e em sua ação[102]). Nesse

---

delinquência, toxicomania: uma outra forma de gozar, p. 66). Para o autor, a toxicomania é a verdade de nossa sociedade de consumo, cujo ideal o toxicômano habilmente realiza (embora isto seja ignorado). O publicitário e o fabricante sonham em realizar um objeto que tenha o mérito de apaziguar ao mesmo tempo as necessidades e os desejos do consumidor, artefato capaz de suscitar uma renovação permanente. O toxicômano realiza até as últimas consequências a fantasia neurótica da existência de um bem soberano na forma de um objeto que preenche e satisfaz integralmente.

[102] A figura do toxicômano corresponde justamente a esse ideal individualista daquele que se faz por si mesmo, que realiza sua vida sem precisar de ninguém, que não tem herança, que nada deve àqueles que o antecederam, seus antepassados. Além disso, na toxicomania há um repúdio a todo dever fálico, o qual requer um quantum de renúncia e concerne a um gozo não todo, limitado; o que, por sua vez, gera socialmente um misto de reprovação e fascinação.

caso, o particular se sobrepõe ao universal e verificamos pessoas vivendo experiências cada vez mais privativas e baseadas no "caso a caso".

Passamos a ter de lidar com um cenário social de extremado desamparo, uma vez que não é mais possível nos apoiarmos em referências "mestras", que confiram sentido e direção às nossas vidas. Nascem também a dúvida e a possibilidade da escolha, apontando para uma multiplicidade frente a qual nos desorientamos, numa vida de parâmetros e posicionamentos transitórios. Há um desgaste da tradição, da experiência transmitida de geração em geração e que anteriormente prefigurava os modos de ação e pensamento, dando consistência ao ser. É o amparo simbólico que perde força, fragilizando os laços de pertença. Trocando em miúdos, não há nada ou ninguém que mostre o caminho a ser seguido e que diga "vá por aqui" ou "por lá não". Vivemos num mundo "desbussolado" e o sujeito deve se construir por seus próprios meios. Sujeito em um primeiro momento — bem ao modo da moral sentimental burguesa — voltado para si, para o cultivo da introspecção e da interioridade como modo de acesso à verdade. Característica que cede lugar na contemporaneidade pelo investimento maciço no domínio corporal.

Desse estado de coisas podemos extrair um desejo tortuoso e ao mesmo tempo atraente, que amiúde não o identificamos, mas que exprime nosso posicionamento ético no mundo. Falamos do desejo de *tutela e submissão* que surge como modo de evitação do desamparo. "Goze com o meu corpo como quiser e me submeta, mas não me deixe sozinho com o meu desamparo."[103] É esse solo discursivo que nos acompanha e dá o tom às subjetividades contemporâneas. A busca por proteção e segurança (e a recusa da liberdade) se coaduna perfeitamente com o lugar que a ciência passou a ocupar em nossas vidas, um Outro onipotente e autossuficiente que realiza a tarefa de nos apaziguar com sua oferta de sentido.

O desejo de que falamos se traduz em uma entrega radical a algo (que bem poderia ser uma droga) ou alguém que nos dispense de colocar em movimento o trabalho da reflexão, poupando-nos do confronto com a incerteza e a angústia perante as escolhas. A ciência e a competência especializada despontam como discursos que visam a mascarar a fissura do mundo (onde não há garantias). Para cada patamar da existência há uma fala competente, cuja força rende no poder de fazer crer (crença imaginária) de que é capaz de revelar ao indivíduo muito mais do que ele próprio sobre a seu respeito.

Aqui entra em cena a tão conhecida e já onipresente figura do especialista, o grande amparo a oferecer diretrizes claras e apontar caminhos a seguir. Incluem-se aqui o *personal stylist*, a *super nanny*, o conselheiro sentimental, o manual de autoajuda. São os oráculos contemporâneos a disponibilizar roteiros precisos de como nos compormos e agirmos frente a determinados impasses, como nos comunicarmos ou expressarmos nossos afetos, como

---
[103]Joel Birman, *Arquivos do mal-estar e da resistência*, p. 28.

amarmos. Dispomos de uma figura competente para "dar as cartas", nos resgatando do abismo da dúvida e do não saber. Esse desejo de sujeição, proteção e obediência ante o qual nos dispensamos de pensar e principalmente de nos responsabilizar pela construção de trajetórias singulares de ação no mundo nos impele à rápida adesão a modos de vida massificados ofertados no mercado da existência.

Frente ao desamparo e ao mal-estar do indivíduo na contemporaneidade, o cientificismo triunfa e nos coloca defronte a novos valores e ideais.

Dentre esses valores, um se destaca. Para o sociólogo David Le Breton, é diante da precariedade e do empobrecimento dos sistemas sociais que "sobra o corpo ao qual o indivíduo pode agarrar-se" como fonte de certeza. Junto à particularização do sentido conferido às experiências o que também se processou — nas últimas décadas — foi uma individualização do corpo, onde importa "ter um corpo para si, um corpo por si".[104]

As identidades se apoiam cada vez mais na dimensão corpórea e exibem estatuto de bioidentidades onde a vida psíquica tende a ser traduzida e processada em termos de avaliações e indicadores neuroquímicos.

O filósofo Francisco Ortega propõe uma contraposição entre as práticas ascéticas da Antiguidade, às quais ele denomina de "práticas de liberdade", e a bioascese contemporânea, por sua vez designada como "prática

---

[104]David Le Breton, "Individualização do corpo e tecnologias contemporâneas", p.16.

de assujeitamento e disciplinamento".[105] A ascese sugere e pressupõe um processo de subjetivação. Resta-nos perguntar de que modos as subjetividades na atualidade têm se constituído.

Na ascese clássica o que se objetivava era o cuidado de si numa busca por um modo de vida "autoral". O corpo figurava como meio de investimento e de equilíbrio para que a partir dele outros objetivos pudessem ser alcançados. Comparecia como ponte para o aprimoramento da psique e construção de uma vida virtuosa que permitisse a intensificação das relações sociais e da vida pública. A ascese nesse caso era uma prática política que visava ao outro, ao bem comum. O que estava em jogo era o exercício constante da coragem, sabedoria e superação de si próprio. Numa relação sempre de interdependência, ocupar-se consigo pressupunha ocupar-se com o outro e o cuidado de si contribuía para a prosperidade da cidade e dos outros cidadãos.

Já as bioasceses contemporâneas caracterizam-se por uma vontade de uniformidade, de continuísmo e de constituição de modos de existência que não se ocupam em primeiro plano com o outro (podendo até chegar ao ponto da total insensibilidade e desprezo, bem como do desinteresse pela vida pública). O que se busca sem descanso é a saúde e o corpo perfeito, dentro de uma promessa de prolongamento ao máximo da vida e perante uma árdua tarefa de autodisciplinamento. "Trata-se da formação de um sujeito que se autocontrola, autovigia e autogoverna.

---

[105] Francisco Ortega, *O corpo incerto*, p. 20.

SOCIEDADE FISSURADA

Uma característica fundamental dessa atividade é a autoperitagem. O eu que 'se pericia' tem no corpo e no ato de se periciar a fonte básica de sua identidade."[106] Falamos ainda de uma sociedade obcecada pela boa forma — parâmetro existencial fundamental — e gestão dos riscos à saúde. Obstinada pelo controle e cálculo dos excessos, num funcionamento curiosamente restritivo ao uso e à diversificação dos prazeres.[107]

O corpo torna-se o locus da admiração moral e da ordem. Imoral passa a ser a exibição de uma forma física que não se coaduna com os padrões exigidos. O autoaperfeiçoamento é norma e o corpo se consagra como objeto de visão e "palco performático". Tornado imagem — imagem espetacularizada[108] —, atrai a atenção no plano do olhar e convida constantemente seus espectadores a fruir dela.

---

[106] Ibidem, p. 32.
[107] A figura da anoréxica é bastante representativa desse estado de coisas. Ela atinge o expoente máximo da obsessão, vigilância e autocontrole corporal, ou seja, da bioascese como prática de renúncia, restrição, abstenção. No caso, abster-se de comer. Sua empreitada revela uma "tentativa de tomar posse do corpo espetáculo" (Jurandir Freire Costa, *O vestígio e a aura: corpo e consumismo na moral do espetáculo*). Não há como desconsiderar ainda a angústia brutal frente a um corpo persecutório cuja imagem é sempre cambiante e instável. Corpo purificado de sua dimensão erótica, corpo infantil, "chapado" e sem curvas, corpo dessexualizado. A comida se reveste de um caráter abjeto, profano. Indico o interessante filme mexicano chamado *Maus hábitos* (Simón Bross, 2007).
[108] "O espetáculo faz da aparência inerência e organiza o mundo como uma rede de imagens que mediam as relações sociais e ditam o que deve merecer atenção e admiração. O mundo filtrado pelo aparato audiovisual se torna uma "ficção volátil" que existe ou não existe no mesmo compasso em que é exibido, ou seja, em que aparece ou é simplesmente retirado da cena." (Jurandir Freire Costa, *O vestígio e a aura: corpo e consumismo na moral do espetáculo*, p. 229)

Nas bioidentidades ou personalidades somáticas[109] o semblante corporal equipara-se à identidade pessoal e ao caráter. A maciça ancoragem da existência no corpo requer que ele esteja sempre em movimento para que então possa aparecer, realizar sua performance e, desse modo, ser capturado visualmente e reconhecido pelo outro.

Estamos numa cultura em que nossa existência psíquica é dependente do ato e muitas vezes da passagem ao ato, principalmente o ato público. O que supõe a própria violência como estilo de vida, já que essa pode conferir ao sujeito um nome, uma identidade e, novamente, visibilidade (contraponto a uma existência banal, que passa sem deixar rastro), ainda que pela identificação com o fora da lei, a "lenda negra" (ver nesse ponto Foucault em *A vida dos homens infames*).

Mas há uma consequência atordoante de a identidade ter sido deslocada para o corpo, já que como objeto de visão o indivíduo perde o conforto seguro de uma interioridade preservada, sendo despojado de um lugar para se refugiar e preservar sua intimidade. Ele está frágil e assustadoramente exposto à incursão e ao julgamento do olhar alheio (especialmente o outro anônimo da publicidade e do universo das celebridades). Como defesa dessa invasão persecutória, esse mesmo indivíduo paradoxalmente arranja um jeito de não se fazer notar, procurando ser e se constituir como os demais. A proteção da identidade produz corpos serializados e uma trivialização da aparên-

---

[109]Jurandir Freire Costa, *O vestígio e a aura: corpo e consumismo na moral do espetáculo*.

cia. Afinal, não se presta muita atenção ao que é comum e se repete. Passa "batido" o indivíduo que não apresenta nenhuma particularidade que atraia nossa inteligência e afetividade.

O que se verifica, nesse caso, é uma antipersonalidade, pois se de um lado ela dispõe do corpo e do semblante para se singularizar, de outro, justamente por o investimento ser na superfície corpórea (exposta), o que se busca é anulá-la para que se escape do olhar invasivo do outro.

> Todas as privações sofridas em nome da boa forma redundam na experiência de irrelevância e futilidade do eu. O sujeito superficial e uniforme vive em luta para sobreviver e se afirmar como bioidentidade singular. Mas a única tática bem-sucedida é o *desaparecimento do campo do olhar do outro*. O preço do reconhecimento imaginário é a invisibilidade cultural pela massificação. Sem isso o indivíduo jamais consegue estar tranquilo consigo, isto é, livre da invasão persecutória do ideal da fitness.[110]

***

O filósofo Michel Foucault, referindo-se às novas formas de controle biopolítico a partir do pós-guerra, situa o mercado como instância suprema que regula a esfera política e cultural. A figura do *Homo oeconomicus*, se define não apenas como um empreendedor qualquer,

---

[110] Jurandir Freire Costa, *O vestígio e a aura: corpo e consumismo na moral do espetáculo*, p. 200.

mas aquele que empreende a si mesmo e se toma como objeto de rendimento e produto de investimento. O *Homo oeconomicus* busca ampliar incessantemente suas capacidades e habilidades profissionais, visando a tornar-se competitivo e atraente no mercado de trabalho prioritariamente — nos tempos atuais — pela via do bioinvestimento.

***

Frente ao cenário apresentado até agora, temos de pensar também em sua contrapartida, a saber, o "dízimo de gozo" exigido pela prática da bioascese. O que podemos chamar de seus efeitos impensados, ou seja, aquilo que a norma dominante instaurada — que não faz jus à diversidade expressiva humana — produz na direção do transbordamento e do descontrole pulsional.

A obsessão e a fissura pela autoperitagem engendram como a outra face da mesma moeda a figura do estulto (advinda do ascetismo estoico). Categoria antes de tudo moral, o estulto se aproxima — nos dias de hoje — dos toxicômanos ou adictos.

Estulto é tido como o indivíduo que não cuida de si e que padece do malogro da vontade no território do corpo e da mente, sendo considerado incompetente para sustentá-la. É julgado como incapaz de *querer* de forma adequada e de controlar a necessidade (necessidade de drogas, por exemplo, mas pode ser de sexo, de consumo, de comida etc.).

Já os disciplinados — representantes da norma instaurada — são fortes e incansáveis na vontade e no direcionamento do cotidiano para atender aos preceitos de uma existência saudável e sem excessos.

O estulto carrega a ameaça da fraqueza da vontade. Ele se apresenta, portanto, como a "antinorma da bioidentidade aprovada".[111]

No campo das toxicomanias não é incomum falar do toxicômano como uma figura cuja vontade de se manter longe da substância de consumo é "fraca" e fragilmente constante. Na tradição dos alcoólicos e narcóticos anônimos (AA e NA), existe uma expressão muito utilizada designada de "defeito de caráter"[112] e que expressa (dentre outros) uma estruturação do caráter de forma falha e sujeita a sucumbir às "tentações", exprimindo um indivíduo enfraquecido em sua atenção e disciplinamento.

Como representantes da estultícia e antinorma, aos toxicômanos são atribuídas classificações impregnadas de implacável juízo moral: ora constitucionalmente defeituosos, ora psicologicamente desviantes. De todo modo, a noção de deficit ou comprometimento está presente,

---

[111] Jurandir Freire Costa, *O vestígio e a aura: corpo e consumismo na moral do espetáculo*, p. 195.
[112] Benedict Morel, representante do pensamento médico no século XIX, inseriu o alcoolismo — considerado uma doença e um defeito de caráter — no interior de um quadro orgânico, degenerativo e hereditário. Tal categoria clínica foi considerada juntamente com a sífilis e a tuberculose uma grande praga que comprometia a saúde e a pureza da raça. Chegou-se a cogitar a proibição do casamento para os alcoolistas. Essas ideias influenciaram inclusive a teoria eugenista no século seguinte. Já no início do século XX o modelo orgânico é substituído por outro, de origem psicológica, em que o conceito de adicção aparece como "doença da vontade". O termo, de origem latina, designava na Roma antiga o cidadão livre que fora escravizado por dívidas não pagas.

indicando que algo lhes falta ou não se processa adequadamente. Juízo crítico, controle emocional, discernimento, capacidade de responder por si próprio. São "carências", algumas supostamente consubstanciadas por tecnologias de neuroimagem (indicando uma pretensa maior credibilidade do sujeito da argumentação), a endossarem diagnósticos preocupantes, que transitam entre a desqualificação e a desautorização. A pobreza material vivida por uma considerável parcela dessa população se re-traduz em pobreza moral, funcional e subjetiva.

A precariedade alegada tende sempre a convocar um outro mais qualificado a falar pelos toxicômanos, indicando os cuidados que lhe são necessários. Reiteram-se, portanto, mecanismos de anulação e silenciamento desses sujeitos, consoante ao próprio mecanismo das toxicomanias. Apagamento que se dá na vigência da relação com a droga e se perpetua em outras relações, agora no âmbito do laço social e do sistema de cuidados.

***

Voltando às identidades somáticas empenhadas na prática da bioascese e na busca por atingir o melhor de si pela maximização do desempenho corpóreo-social, podemos depreender como exemplo ilustrativo o fenômeno bastante atual do MMA (Mixed Marcial Arts).

Os atletas de MMA comparecem como modelos ideais de sujeitos baseados na performance física. É do sucesso da performance que depende a glória, o prestígio e, para muitos deles, provenientes de famílias humildes, a possibilidade de ascensão social.

Esporte emblemático do mercado do risco, o MMA surge como válvula de escape e modo de resposta a uma sociedade obcecada pelo cálculo e pela gestão da vida ("isso não pode", "aquilo não faz bem"). Nessa modalidade de luta, os atletas estão sempre na tênue fronteira entre o golpe perfeito premiado com a vitória e a ameaça de um comprometimento físico ou mental mais acentuado a cada vez que "apagam", concedendo o crédito e o cinturão ao adversário.

No universo do MMA impera a imagem fálica do poder, da competitividade, força e virilidade. "São os gladiadores do terceiro milênio", esbanjando onipotência e invulnerabilidade. Desafiam um ao outro no limite do esgotamento das forças em que o que mais importa é a "finalização" de um dos participantes do jogo. Estão sempre a buscar ultrapassar o ponto a partir do qual o corpo não mais responde, os sentidos sucumbem e advém o colapso. Atendem até o último violento golpe, de preferência um soco sangrento no crânio ou uma feroz joelhada no queixo, ao mandamento do *"no limits"*, consoante à tradição do "vale tudo", onde tudo vale arriscar em nome de uma performance grandiosa. A boa performance corporal acaba por equivaler ao reconhecimento pessoal.

Consoante a uma *sociedade excitada*,[113] viver no limite do limite, correr riscos e mais riscos pode ser a medida de nosso próprio anestesiamento. Precisar ir mais além — aos

---

[113] Christoph Türcke, *Sociedade excitada: filosofia da sensação*.

moldes de um processo fisiológico de tolerância à droga que "pede" o aumento sucessivo das doses a fim de que o barato do efeito seja computado pelos sentidos — supõe sentir-se, portanto, emocionalmente vivo. Como aponta Marcia Tiburi, "sentir é urgente".

***

Já no contexto da cena eletrônica — fenômeno bioascético que também se destaca —, diversamente da geração dos anos 1960 e 1970, em que o consumo de drogas possuía o estatuto de ruptura, contestação e transgressão dos valores instituídos, o que se observa é uma tendência ao continuísmo e à conservação de todos os setores da vida intactos, primando-se pela reafirmação dos ideais sociais em voga.[114]

Na contracultura — em linhas gerais — estava em jogo uma busca por novos estados de consciência, a descoberta de outros caminhos perceptivos (auxiliados especialmente pelo consumo da maconha e do LSD). Já na cena eletrônica o corpo se serve de um artefato técnico, a droga sintética ecstasy, que vem possibilitar uma maximização do desempenho na "balada".

O consumo contemporâneo na cena eletrônica é bastante pragmático e atende aos princípios da autogestão e do aprimoramento de si obtidos com base em cálculos minuciosos (dose, hidratação, intervalo entre doses, combinação com outras substâncias, período de descanso etc.).

---

[114]Maria Isabel Mendes de Almeida e Fernanda Eugenio, "Paisagens existenciais e alquimias pragmáticas: uma reflexão comparativa do recurso às drogas no contexto da contracultura e nas cenas eletrônicas contemporâneas"

O alto rendimento como valor estruturante das bioidentidades pressupõe a produção de sujeitos competentes e hipergozantes — como mais uma competência — em todas as esferas da vida, incluindo o lazer. É preciso estar atuante também nesse domínio, ou seja, pronto e bem disposto para a fruição.

As cenas eletrônicas são experiências intensivas — "de intensificação da presença" — que devem ser levadas a cabo sem abalar ou prejudicar outros setores da existência. "Dificilmente estes sujeitos deixam de combinar suas vivências dionisíacas com o gerenciamento apolíneo da vida."[115]

O indivíduo deve sempre apresentar-se em sua melhor forma. A gestão calculada de si e a otimização da performance não se limitam ao uso da droga, mas se fazem sentir nas horas de sono, na malhação, no comportamento no trabalho, nas relações familiares e no modo de estar entre amigos. Cada um é responsável por seu engendramento[116] e precisa se mostrar "bem na fita". Tal como acontece nos

---

[115] Fernanda Eugenio, "Contemporâneo noctambulismo: ocupação urbana e fruição juvenil nas cenas eletrônicas cariocas", p. 60.

[116] Fernanda Eugenio, em incursão pela noite carioca, descreve o ambiente de uma cena eletrônica onde um dos integrantes à sua frente na fila de entrada de uma boate porta uma camiseta com os dizeres: "Você pra mim é problema seu" (Fernanda Eugenio, "Contemporâneo noctambulismo: ocupação urbana e fruição juvenil nas cenas eletrônicas cariocas"). Joel Birman, ao se referir à sociedade do espetáculo, fala de uma subjetividade autocentrada cujo engrandecimento se dá à custa do outro, esse último ocupando apenas a posição de objeto de gozo. O que interessa de fato são as performances onde o sujeito — tornado objeto presente num raio de visão — se engrandece e se regozija. Há um esvaziamento da relação de responsabilidade para com o outro (Joel Birman, *Arquivos do mal-estar e da resistência*).

esportes, também as experiências cotidianas se deixam atravessar pela lógica do alto rendimento. Pegando de empréstimo uma propaganda televisiva que incentiva "a vida elevada ao cubo", é exatamente essa a lógica que está em jogo: três vidas em uma, com toda a aceleração que a proposta exige. A fronteira entre o humano e a máquina desaparece.

O recurso à droga sintética visa ao corpo como território das sensações, onde estão em jogo o hipergozo e a "felicidade sensorial", demandando pessoas ou objetos que estimulem e excitem os sentidos e acionem o corpo (terminado o instante de gozo a sensação se apaga e dificilmente pode ser evocada como uma memória prazerosa, tal como ocorre com os sentimentos).

Mas podemos dizer que o que desponta e se destaca mesmo no contexto da cena eletrônica é a experiência corporal como operadora de performance na qual competência, eficácia e eficiência são seus norteadores.

O corpo, ao mesmo tempo que veículo de aparição na cena pública e instrumento de autogestão, comporta na sua base um fardo e necessita ser desvencilhado de suas amarras. Corpo da finitude, da fadiga, da doença, do tédio, da impotência e da fragilidade. Para Le Breton, "[...] faz-se necessário aperfeiçoar o homem no corpo, desalojando-o de suas fragilidades".[117]

As tecnologias não são mais exteriores ao corpo, mas vêm ao seu socorro tornando-o instrumento mais eficaz.

---

[117]David Le Breton, "Individualização do corpo e tecnologias contemporâneas".

Estaríamos — pergunta Le Breton — diante do ideal de um homem não perecível e não sofredor, mestre de si mesmo?

Em se tratando de um homem não sofredor, não esqueçamos que a cultura contemporânea é bastante afeita ao cultivo do bem-estar ou, melhor dizendo, do "estar mais do que bem". Determinados afetos que também integram nossa existência sucumbem à ditadura dos estados de humor e perdem terreno. Tristeza e sofrimento enquanto emoções mal-ditas se desalojam de seu lugar nos domínios da vida e do mundo. Sofrer, hoje em dia, nos confronta com uma solidão e um desamparo extremos, afinal de contas "ninguém sofre", "isso já é coisa ultrapassada" e "só sofre quem quer".

Diante de afetos deserdados de narrativas que lhes emprestem sentido e pertinência, e que, portanto, não encontram inscrição no laço social, a indústria farmacêutica consagra-se como o grande bálsamo. Ofertando atraentes produtos (antidepressivos, calmantes, indutores do sono, estimulantes, inibidores do apetite) e endossando a redução da psique a explicações de ordem fisicalista, a "indústria do bem-estar" alardeia que sofrimento é resultado de uma engrenagem mal funcionante. Imbuindo-se da função corretiva, sustenta a promessa de uma vida sem sofrimento.

Na lógica da felicidade plastificada e do achatamento da subjetividade, o manejo do sofrimento humano tende a se processar no registro da dor. Pensemos numa dor de dente da qual buscamos rapidamente nos livrar com uma ou algumas visitas ao dentista. Sofrimento transfigurado em dor existe para ser extirpado. Não há mais nada a se fazer com ele. O sofrimento deixa de ser uma via privilegiada — embora incômoda — de acesso ao sujeito e ao que lhe ocorre em seu íntimo. E se transmuda em puro aborrecimento.

Para Birman,[118] a dor é uma experiência solipsista por meio da qual o indivíduo se fecha sobre si mesmo e não faz apelo ao outro como suporte para a produção de um sentido. Já o sofrimento é "experiência alteritária". O outro está sempre presente, pois o sujeito que sofre é capaz de reconhecer que não é autossuficiente e necessita desse outro como agente de interlocução e diálogo.

Segundo o mesmo autor, a psiquiatria, com seus psicofármacos, "pode fazer o curto-circuito do sofrimento e atender diretamente aos reclamos da dor, sem qualquer apelo", o que vem reforçar a ilusão de autonomia e autossuficiência do sujeito. "A animalidade dolorida pode ser atendida" no mercado do bem-viver, às expensas da medicalização dos afetos e dos pequenos acontecimentos do dia a dia.

Nesse quadro, o que está em voga, bem ao modo da moral do espetáculo, é a performance mental. A experiência intimista do conflito e do sofrimento que costuma solicitar interrogação e deciframento sucumbe ao primado das teorias neuroquímicas. O mal-estar inerente ao viver é então "abafado" por intervenções ortopédicas.

---

[118]Joel Birman, *Arquivos do mal-estar e da resistência.*

O processo de medicalização de praticamente todos os aspectos da vida chega a tornar plausível a crença de que toda insatisfação ou mal-estar é indicação de um desvio, e como tal deve ser suprimido. Transformada em ideologia, a saúde física ou mental é extraída do campo das interrogações filosóficas e políticas acerca da "boa vida", para ingressar na esfera das habilidades e competências a serem demonstradas no mercado da subjetividade.[119]

Cercamo-nos de substâncias para dormir, acordar, ter relações sexuais, nos alegrar. Regozijamo-nos com as drogas da "moda", como Prozac, Rivotril, Viagra, Ritalina e muitas outras.

A lógica da indústria farmacêutica pode ser comparada à do tráfico de drogas no sentido da oferta de produtos que funcionam como verdadeiras panaceias. Remédio e droga acenam como a salvação química e se sagram capazes de "curar" a dor de viver ou nos ensinar a sorver alguma alegria da vida. Droga-medicamento: aquilo que vai me dar tudo que eu preciso.

Paulo Leminski, por sua vez, em seu poema "Um homem com uma dor", subverte a lógica e realoca o sofrimento no centro da experiência humana:

> Um homem com uma dor
> é muito mais elegante,
> caminha assim de lado
> como se chegasse atrasado,
> andasse mais adiante.

---

[119]Benilton Bezerra Jr., "O ocaso da interioridade e suas repercussões sobre a clínica".

Carrega o peso da dor
como se portasse medalhas,
uma coroa, um milhão de dólares
ou coisa que os valha.
Ópios, édens, analgésicos,
não me toquem nessa dor,
ela é tudo que me sobra.
Sofrer vai ser minha última obra.

A droga da vez

Quero também reservar alguma atenção para uma substância que juntamente com as ofertadas pelo mercado do bem-estar bem se poderia chamar de droga da "moda". No início do ano de 2012, seus usuários foram alvo na cidade de São Paulo de uma contundente intervenção do poder público. Estou me referindo ao crack.

O crack nos remete às engrenagens do Proibicionismo. Primeiro por se tratar — tal como acontece com sua "conterrânea", a cocaína (o crack é a cocaína na sua forma fumada) —, de uma droga tornada ilegal. Segundo, e principalmente, pelo fato de ser uma substância que chega ao cenário das ruas como "criação" resultante da repressão dirigida ao tráfico. Uma das estratégias repressivas contra as investidas do comércio ilícito de drogas é o controle por parte dos Estados, incluindo os Estados Unidos, de onde o crack surgiu em meados dos anos 1980 dos produtos químicos utilizados no fabrico das substâncias psicoativas. Especificamente em relação ao crack ocorreu que o fornecimento de componentes químicos para a transformação da pasta base em cocaína refinada foi seriamente comprometido. Os traficantes conseguiram então fazer advir da matéria-prima que tinham em mãos, ou seja, a pasta base, uma nova substância, de efeito extremamente potente e a preços inferiores aos do pó de cocaína, atingindo "em cheio" as classes mais desfavorecidas. Apesar de também ser consumido por pessoas de condição econômica privilegiada, o crack, de forma geral, é tido como a "droga dos pobres".

***

Mas, antes de continuar a falar de crack, considero oportuno e necessário abordar um pouco mais as vicissitudes do Proibicionismo.

O proibicionismo é a corrente política que situa as drogas como responsáveis pelas grandes mazelas e pelos sucessivos atrasos sociais, transformando-as, enquanto agentes de destruição, no grande obstáculo a ser combatido. Acredita-se, por essa corrente, que é possível acabar com o montante de substâncias psicoativas no mundo e se atingir uma "sociedade livre das drogas".

Sempre preocupante é pensarmos naquilo que a psicanálise nos ensina: onde tem proibição, tem desejo. A proibição vem sempre indicar um valor de gozo. O historiador Henrique Carneiro, de outra maneira, toca na mesma questão e reitera que "o fluxo do dionisismo renasce sempre e se torna muitas vezes agudo em épocas muito puritanas".

Em termos mais estruturais, a ideia de se investir na redução da oferta das drogas no mundo só faz com que a engrenagem do comércio ilegal, ou seja, a rede de tráfico em escala global, aumente ainda mais sua produção, contrabalançando o montante perdido (já previamente calculado) na repressão, ocupando-se também da transferência das áreas de cultivo e da diversificação das rotas de distribuição. Enquanto os Estados gastam fortunas com operações de repressão — muitas vezes em detrimento do próprio investimento em iniciativas de prevenção e tratamento —, a quantidade apreendida, para o traficante, é ínfima e já está inclusa nos custos totais da produção, aos moldes de um simples imposto embutido.

Além disso, do ponto de vista mercadológico, empreendimento de risco (falando de ilicitude) é sinônimo de negócio rentável. O mercado premia e remunera o risco. Droga proibida é droga encarecida. E droga encarecida movimenta muito dinheiro, torna a estrutura do comércio robusta e hábil para empreender ajustes logísticos e burlar a repressão. Repressão agrega ao empreendimento a marca do perigo. O perigo transforma a produção e venda de droga em reduto de poucos (os poucos que se arriscam). Esses "poucos" — sem concorrência ou regulamentação — "fazem a festa". Onde há proibição não há regulamentação, onde não há regulamentação há droga adulterada[120] e métodos violentos e implacáveis de

---

[120]Em um pequeno texto chamado "Post-War on Drugs? Como a psicanálise pode contribuir para o debate político sobre as drogas" (2001), Éric Laurent cita a declaração do *rolling stone* Keith Richards, em seu livro de memórias, a respeito de sua inclusão, ao longo de vinte anos, na lista de pessoas "mais prováveis de morrer no ano seguinte" em função de quatro décadas de consumo de drogas: "Salvamo-nos, provavelmente, porque utilizamos sempre o melhor (referindo-se à pureza das drogas), a nata da nata."

gestão dos negócios.[121] Por fim, vale lembrar que quanto mais marginal a experiência da droga, mais sem limites ela é vivida. A política de redução de danos,[122] diga-se de passagem, entra aí justamente para minimizar os danos do próprio Proibicionismo. Afinal de contas, temos de pensar que muito do que se convencionou categorizar como "efeito adverso da droga" (expressão falseada) não nos remete diretamente à substância como se faz acreditar, mas às particularidades das condições em que o consumo ocorre; muitas delas determinadas pela condição de proibição.

Ainda com relação às experiências marginais — segundo Rubens Adorno — sempre fica a questão de como o Estado lida com suas margens. Mas voltemos ao histórico do Proibicionismo.

A Convenção Única sobre Drogas Narcóticas, proibindo a regulação de qualquer mercado interno, assinada por

---

[121] Vide a causa mais expressiva — numericamente falando — de mortes relacionadas ao contexto de uso do crack. Diferentemente dos indicadores relacionados à heroína, que se concentram nos óbitos por overdose, no cenário do crack o que desponta são os homicídios. Homicídios ocorridos especialmente na fase de adaptação do tráfico ao manejo dos negócios relativos a essa droga. Muitos usuários de crack foram vitimados pelo que vou chamar aqui de "acerto de contas" por parte dos traficantes em função de dívidas de droga ou transgressão de algumas das regras vigentes nas bocadas (não chegar intoxicado, não barganhar, não pedir fiado, não envolver-se em brigas, confusões ou qualquer situação que chame a atenção de policiais e comprometessem a venda etc.). Esses usuários também pereceram dos embates com a repressão policial. Em face do exposto, pode-se dizer que é o próprio estatuto de ilicitude do crack que mais colaborou para a morte de seus usuários, e não o "poder nocivo" da droga em termos de ação neuroquímica, como se costuma dizer.
Vide Denis Russo Burgierman, *O fim da guerra: a maconha e a criação de um novo sistema para lidar com as drogas.*
[122] A redução de danos inaugura um novo paradigma, uma vez que o desejo de abstinência não é mais pré-requisito para que a abordagem em saúde possa se realizar. Ela procura construir estratégias adequadas às possibilidades e à realidade de cada usuário.

180 países em 1961, e a "Guerra às drogas", intensificada no governo de Ronald Reagan nos EUA (anos 1980), contaram com uma grande alavanca histórica entre uma de suas condições de possibilidade que foi o movimento da Temperança, no fim do século XIX, e a Lei Seca, já no início do século XX.[123]

Ainda nos primórdios da era moderna, a visão cristã de temperança — entre católicos e protestantes — mantinha e dava seguimento às noções da ética clássica de moderação e equilíbrio. A ideia de temperança incluía um sentido estrito de exatidão, controle minucioso de medidas, pesos e proporções. Mas foi no decorrer do tempo que ela veio alinhar-se cada vez mais ao protestantismo, ganhando contornos de condenação dos prazeres, principalmente aqueles que envolviam a carne, ou seja, o sexo, a comida e a bebida.

Na Inglaterra e nos Estados Unidos, desde o fim do século XVIII e início do XIX, houve uma pressão pelo que se chamou de autocontenção e que conciliava interesses religiosos, morais e patronais (capitalismo industrial). Foram se constituindo formas de controle para atitudes e condutas consideradas nocivas, tais como o uso do tabaco, a alimentação carnívora e o consumo de bebidas alcoólicas. A abstinência logrou se estabelecer como a única atitude aceitável diante das bebidas. Entre as classes trabalhadoras, a abstenção alcoólica tornou-se signo de distinção, separando os que demonstravam força pessoal

---

[123] Anteriormente à Lei Seca, não podemos esquecer a Convenção do Ópio, ocorrida em 1909, que restringiu a utilização dessa substância à prescrição médica e impôs rígido controle sobre sua produção e comercialização.

de caráter dos demais "pobres não respeitáveis", numa internalização e disseminação do ideal de respeitabilidade burguesa.[124]

Contando com o apoio de uma série de entidades lobistas (dentre elas, a Liga Antibar, a Confederação Internacional da Proibição e a Liga Mundial contra o Alcoolismo), em 1919 a Lei Seca foi aprovada. Acreditava-se que a proibição seria uma tendência irreversível, o que em parte não se verificou, pelo menos em relação ao álcool, haja vista a revogação de sua proibição em 1933 e seu crescente estatuto de símbolo festivo e mercadoria de grande prestígio nacional e internacional. No entanto, essa foi uma contundente alavanca para o que viria na sequência, ou seja, uma forte e inabalável tendência proibicionista relacionada a outras drogas, incluindo-se aqui a maconha e a cocaína, por exemplo.

Quanto à Lei Seca, Antonio Gramsci refere que — na aurora do capitalismo industrial — o processo produtivo que ali se estabelecia muito ligado à racionalização do trabalho demandou "a elaboração de um novo tipo humano".[125]

O trabalho racional exigia do trabalhador o desenvolvimento de posturas mínimas e automáticas, dispensando a participação ativa da inteligência, da fantasia e da iniciativa singular e reduzindo as operações produtivas ao aspecto físico maquinal somente. Para Gramsci,[126] o industrialismo era a antítese do humanismo.

---

[124]Henrique Carneiro, *Pequena enciclopédia da história das drogas e bebidas*, p. 200.
[125]Antonio Gramsci, *Americanismo e fordismo*, p. 40.
[126]Antonio Gramsci, *Americanismo e fordismo*, p. 77.

A indústria de Ford exige uma discriminação, uma qualificação de seus operários que as outras indústrias ainda não requisitam. Um tipo de qualificação de novo gênero, uma forma de consumo da força de trabalho e uma quantidade de força consumida pelo próprio tempo médio que são mais opressoras e mais extenuantes que em outros lugares, e que o salário não consegue compensar, nas condições dadas pela sociedade tal como está.[127]

Nesse estado de coisas, em que coerção brutal e métodos de persuasão se alternavam, o proibicionismo — com seu verniz ideológico puritano — "veio a calhar", na medida em que se ocupava de viabilizar a conservação, fora do ambiente de trabalho já esquadrinhado pela racionalização, do equilíbrio psicofísico necessário para prevenir o colapso fisiológico do trabalhador. O que estava em jogo era a continuidade da eficiência muscular e nervosa através de um controle rigoroso da vida privada, o qual se fazia sentir, por exemplo, no planejamento das finanças e direcionamento dos gastos. O álcool — e em segundo lugar as funções sexuais — foi considerado o grande agente de destruição da força de trabalho e, por conta dessa construção ideológica, foi fortemente combatido, a princípio ainda pelos empregadores e em seguida pelo Estado.

O industrialismo se impôs como modalidade de exercício sangrento da violência na luta contra a animalidade do homem pela via da sujeição dos instintos. Ao trabalhador, restou o anestesiamento da existência como estratégia

---

[127] Essas colocações levaram o autor a questionar se havia de fato uma racionalização, uma produção de teor racional, ou um fenômeno nocivo a ser combatido.

válida para a condução de seus dias. De forma perversa, a imperiosa necessidade de amortecimento do cotidiano conviveu parelha com a impossibilidade legal de consumo de uma gota sequer de álcool quando da vigência da Lei Seca. Ao longo do século XX a corrente proibicionista sofreu o deslocamento da função de apoio à ideologia produtiva para tornar-se importante alicerce de um modelo repressivo-penal.

Zygmunt Bauman, em seu trabalho intitulado *Vidas desperdiçadas*, nos coloca a refletir sobre um grande "divisor de águas" ocorrido nas primeiras décadas do pós-guerra e que representou uma alteração profunda nas bases da legitimidade e da soberania estatal. O chamado "Estado de Bem-Estar Social" — significativa conquista do processo democrático europeu — sofreu um expressivo recuo. Esse modo de presença estatal se fundamentava a partir da promessa de garantia e defesa do cidadão contra as afiadas garras da exclusão, da rejeição e "também dos golpes aleatórios do destino". No caso dos indivíduos acometidos por reveses e perdas sociais e econômicas, a ideia era a de que haveria todo um aparato — providenciado pelo Estado — a socorrê-lo e ajudá-lo a se refazer do ocorrido. A competição de mercado e a instabilidade das condições de emprego, enormes fontes de incerteza, poderiam ser contrabalançadas pela ação estatal na direção de criar meios e seguros para tornar o "futuro mais garantido".

Com o gradativo abandono e enfraquecimento das funções econômicas e sociais por parte do Estado surgiu a necessidade de se redefinirem papéis e restaurar sua importância "como protetor aos olhos dos cidadãos"

Nasce daí um Estado "penal", voltado para a repressão e a segurança pessoal. Essa linha de atuação trouxe como resultante o aumento do grau de militarização da vida, sendo que os problemas sociais passaram a ser cada vez mais criminalizados.

> A repressão aumenta e substitui a compaixão. Problemas reais como a redução do mercado imobiliário e o desemprego maciço nas cidades — como causas da questão dos sem-teto, da ociosidade juvenil e da epidemia das drogas — são desprezados em favor de políticas associadas à disciplina, ao refreamento e ao controle.[128]

Para Bauman, com o desmantelamento do Estado social e das "formas coletivas de seguro", a demanda passou a se centrar na projeção de locais adequados e distantes para depositar o excesso humano, uma vez que as esperanças de reciclagem ultrapassaram o limite do possível. Nesse sentido, tornou-se indispensável a delimitação de barreiras e firmes fronteiras, demarcando o fora e o dentro, configurando verdadeiros depósitos. O sistema penal, no entender do autor, se afigura como um desses dispositivos (dentre muitos outros).

> Na melhor das hipóteses, a intenção de "reabilitar", "reformar", "reeducar" e devolver a ovelha desgarrada ao rebanho é ocasionalmente louvada da boca para fora — e, quando isso acontece, se contrapõe ao coro raivoso clamando por sangue, com os principais tabloides no

---

[128] Zygmunt Bauman, *Vidas desperdiçadas*, p. 107.

papel de maestros e a liderança política fazendo todos os solos. De forma explícita, o principal e talvez único propósito das prisões não é ser apenas um depósito de lixo qualquer, mas o depósito final, definitivo. Uma vez rejeitado, sempre rejeitado. Para um ex-presidiário sob condicional ou *sursis,* retornar à sociedade é quase impossível, mas é quase certo retornar à prisão.[129]

Loic Wacquant, em *As prisões da miséria,* livro que certamente inspirou a obra de Bauman, também argumenta que existem laços orgânicos entre "o perecimento do setor social do Estado e o desdobramento de seu braço penal". Os que ontem alardeavam por "menos Estado" em relação ao livre mercado são os que hoje exigem por "mais Estado" para encobrir as trágicas repercussões sociais oriundas da "desregulamentação do trabalho assalariado e da deterioração da proteção social".[130] Wacquant refere-se à grande expansão e ao prestígio obtidos pela doutrina americana (nova-iorquina) de tolerância zero que penaliza a pobreza e combate os "pequenos distúrbios cotidianos" e seus autores (sem-teto, pequenos passadores de drogas, prostitutas, mendigos, pichadores), pretendendo-se com isso cortar o mal pela raiz e desencorajar "as grandes patologias criminais". Tudo isso em nome da "qualidade de vida" da população, daqueles cidadãos "de bem" que sabem se comportar socialmente.

A retórica militar da guerra ao crime traz como uma de suas maiores vertentes a guerra às drogas e advoga a reconquista do espaço público das mãos de seus usurpadores, "invasores estrangeiros".

---

[129] Zygmunt Bauman, *Vidas desperdiçadas,* p. 107.
[130] Loic Wacquant, *As prisões da miséria,* pp. 29, 30.

O Estado penal — que engaiola os refugados da ordem social nascente e onde o direito à segurança substitui o direito ao trabalho — supõe a "remodelagem autoritária" de modos de vida considerados "disfuncionais e dissolutos", fornecendo um "contexto diretivo que lhes deve permitir (finalmente) viver de maneira construtiva" e assim viabilizar a paga à sociedade de toda a carga ociosa que impuseram a ela. Nesse Estado paternalista, a concepção "social" de que os "maus pobres" devem ser acompanhados de perto pelos "olhos" do Estado nada mais é do que uma penalização disfarçada (qualquer semelhança com a ação policial — travestida de ação de saúde — promovida na cracolândia paulistana não é mera coincidência).

***

Impossível falar de crack sem mencionar a cracolândia paulistana. Ao mesmo tempo, é de suma importância o reconhecimento de que a questão da cracolândia (ou das cracolândias) em hipótese alguma se limita ao consumo do crack.

No caso da cracolândia paulistana, o que temos é uma região há muito desinvestida pelo poder público.[131] Território cuja infraestrutura antes robusta — em décadas anteriores sede do palácio do governo — perdeu toda a "visibilidade" quando do deslocamento maciço de seu centro financeiro, de compras e lazer para outras localidades, acarretando a migração da elite que usufruía dessas atividades.

---

[131] Ver a esse respeito artigo de Raupp e Adorno (2011) intitulado "Circuitos de uso de crack na região central da cidade de São Paulo (SP, Brasil)".

Após o processo de desmembramento do espaço e desvalorização imobiliária, o que se viu foi um grande abandono, tanto do ponto de vista do planejamento quanto da sua manutenção. A população que ali estava e foi se estabelecendo precisou "se virar" sem qualquer tipo de cobertura. Hoje em dia ela congrega profissionais do sexo, pequenos comerciantes, moradores em situação de rua, residentes da região e pessoas em trânsito. Vale muito bem lembrar que o crack surgiu bem depois da operação de sucateamento da região, adentrando esse cenário apenas em meados dos anos 1990.

Por que ressaltar que o crack chegou depois? Porque hoje em dia — talvez por conveniência — tudo se misturou e, numa simplificação grosseira, cracolândia virou sinônimo de crack. É conveniente do ponto de vista do mascaramento de um contexto complexo atribuir ao crack — enquanto substância demolidora e agente externo — a produção estrutural da cracolândia. Assim como é falseado dizer que as medidas policialescas adotadas no início do ano de 2012 e amplamente retratadas pela mídia tinham como "alvo" e fim último a erradicação do crack. Em que pese a fala, com a qual eu absolutamente concordo, de uma das depoentes do filme *Quebrando o tabu* — "Não há como decretar guerra às drogas sem decretar guerra às pessoas", o que Marcia Tiburi aponta como a "guerra de todos contra todos" — não podemos deixar de lado o jogo de interesses em torno do projeto estritamente mercadológico de "revitalização" da região.

Mas como compreender reflexivamente o espaço da cracolândia?[132] Uma aproximação possível seriam os hiperguetos, designados por Loïc Wacquant como redutos

---

[132] Sem com isso operar qualquer tipo de reducionismo ou pretender esgotar a questão.

de pura exclusão, onde transitam os extranumerários, os redundantes da "indústria do lixo". Indústria que, por sua vez, em face de sua opulência, tem desafiado e demandado o aprimoramento de expedientes de remoção dos dejetos humanos.[133]

Já Bauman alude aos decaídos da esteira produtiva na atual ordem econômica, os chamados seres humanos refugados. São justamente esses refugos humanos que necessitam de espaços para onde possam ser designados — aqui as prisões cumprem papel fundamental — mantidos o mais isoladamente possível do resto da sociedade, em zonas cinzentas no interior da cidade, onde são tratados como forasteiros. A ameaça que o estrangeiro, nesse caso, representa talvez seja fruto do reconhecimento ainda que velado de que a exceção pode vir a ser a regra, indicando que o resto da sociedade não dispõe de qualquer garantia de preservação de seu lugar.

A figura do craqueiro usuário de rua é emblemática do ser humano refugado. A própria droga de consumo — o crack — é chamada de substância "suja", "impura", por não ter sido submetida ao processo de refino. Quem conhece bem o crack sabe que sua parte mais apreciada é a resina final, as "sobras" da combustão da pedra que se acumulam no fundo da "latinha" ou do cachimbo. O apreço pelo que para um observador comum seriam apenas os "restos mortais" da droga nos faz pensar na íntima associação entre o estatuto do crack e o de seus usuários, nessa mútua identificação em que substância e consumi-

---

[133] Gramsci já antevia, ao falar das etapas subsequentes ao nascimento do industrialismo, a ocorrência inelutável "de uma seleção forçada, *(em que)* uma parte da antiga classe trabalhadora será eliminada sem piedade do mundo do trabalho e talvez do mundo *tout court*".

dor equivalem-se na qualidade de dejetos. Habitantes de espaços de pura exclusão, os craqueiros se imiscuem — como diria o psicanalista Jacques Hassoun — com a parte "podridão" não exatamente do *"american dream"*, mais condizente com sua realidade, mas do abrasileirado "oportunidade para todos". A podridão enquanto selo distintivo se ergue — vale lembrar — sob o pano de fundo do deserto político. Sem qualquer perspectiva de futuro e mediante um presente degradante, ao craqueiro sobra a posse da mais imediata partícula do tempo, o ao instante. Quem sabe daí a busca por potencializá-lo por intermédio do efeito da droga. O craqueiro vive do instante. É apenas o instante que ele logra reter para si, como sua posse, seu poder de compra. Instante hiperinflacionado que o faz sentir-se ainda um vivente.

No livro *Homo sacer — O poder soberano e a vida nua*, Giorgio Agamben apoia-se em dois autores de peso — Foucault e sua noção de biopolítica e Hannah Arendt e a estrutura dos Estados totalitários — para sublinhar, por intermédio da noção de vida nua, o entrelaçamento entre política e vida. Apresenta-nos a política moderna em "íntima simbiose com a vida nua".

Para ele, a vida do *Homo sacer*,[134] representativa da vida sem lastro, da mera vida, é arrastada pelo rio da biopolítica, que "corre de modo subterrâneo, mas contínuo". Trata-se da vida banal inscrita na ordem estatal, cuja força se faz sentir no poder de dispor sobre os destinos dessa mera existência que acaba por se transformar *no local por excelência das*

---

[134]Figura arcaica do direito romano, passível de ser eliminada, porém não pela via do sacrifício.

decisões soberanas. Ordem estatal intimamente conectada à figura do jurista e principalmente do médico. Esse último integrado às funções do Estado e responsável pela economia dos valores humanos e gestão da riqueza vivente.

Ocorre que quando a biopolítica vem estabelecer a continuidade e o aprimoramento da vida como valor político fundamental, o que está em questão é também o que se pode considerar como seu desvalor, ou seja, a deliberação a respeito do que seja a vida e, por que não dizer, os modos de vida considerados indignos de serem vividos e que, enquanto tais, podem ser impunemente eliminados. Falamos, nesse caso, do "poder de decidir sobre o ponto em que a vida cessa de ser politicamente relevante".

Agamben aponta que na política moderna reside o corpo bifronte que conjuga ao mesmo tempo liberdades individuais e submissão ao poder soberano, que, enquanto tal, goza da prerrogativa de administrar o corpo biológico da nação se valendo de dispositivos como a ciência do policiamento (originária do século XVIII), cujas técnicas se voltam para a tutela da população em todas as suas dimensões.

A ação política empreendida na abordagem aos usuários de crack — *Homines sacri* contemporâneos — herda as características da ciência do policiamento setecentista. Mas vale mencionar que é na política moderna que se encontra de forma mais contundente o desaparecimento da distinção entre o que é da ordem da política e o que diz respeito à polícia: "A polícia torna-se então política e a tutela da vida coincide com a luta contra o inimigo."[135]

---

[135] Giorgio Agamben, *Homo sacer: o poder soberano e a vida nua*, p. 143.

São essas ideias que fornecem um referencial de compreensão da ausência de discriminação entre política de saúde e de assistência e ação policial, na qual o suposto "beneficiário" da política — no nosso caso o usuário de crack — se transforma em caso de polícia.

A "varredura" da cracolândia só pode ser mais bem compreendida no contexto da biopolítica, cenário no qual a vida encontra-se exposta a violações e a uma violência sem precedentes. É nesse estado de coisas que os consumidores de crack tornam-se o inimigo a ser combatido, pois comparecem como ameaça de contaminação (lixo tóxico) e degeneração biológica (e moral) do corpo do restante da população, os chamados cidadãos "de bem".[136]

> A vida que, com as declarações dos direitos humanos, tinha se tornado o fundamento da soberania, torna-se agora o sujeito-objeto da política estatal (que se apresenta, portanto, sempre mais como "polícia"); mas somente um Estado fundado sobre a própria vida da nação podia identificar como sua vocação dominante a formação e tutela do "corpo popular".[137]

A estratégia das internações compulsórias em série e de modo absolutamente indiscriminado segue a lógica da aliança entre vida e política, uma lógica que produz como resultante a soberana atribuição "de dar forma à vida de um povo".

---

[136] Para o cidadão "de bem" a antipatia diante dos craqueiros cresce à medida que tais consumidores parecem desfrutar do privilégio de não ter de prestar contas de seu gozo, não havendo uma paga, uma retribuição ao laço social.
[137] Giorgio Agamben, *Homo sacer: o poder soberano e a vida nua*, p. 144.

A vida do usuário de crack — considerada indigna de ser vivida nos moldes em que é conduzida — torna-se ela mesma o locus de uma decisão soberana que passa a deliberar acerca de seu destino. Ela é manuseada como mera vida, existência insignificante que "não vale um vintém", destituída de qualquer qualificação política ou subjetiva, o que supõe a eliminação de distinções e particularidades. Segundo o psicanalista Ricardo Goldenberg: "Para o político o sujeito é negociável em massa ou no varejo e raramente prevalecem nas suas decisões as diferenças particulares, abolidas por princípio sob a razão do Estado."

Penso que cabe aqui realizar uma aproximação com o que Agamben expõe a respeito dos experimentos com cobaias humanas (VP), realizados por médicos e pesquisadores assaz reconhecidos pela comunidade científica, quando da ocupação nazista. Pesquisas que tinham como objetivo testar técnicas de esterilização não cirúrgica, produzir vacinas e aumentar as chances de sobrevivência de aviadores (salvamento a grandes alturas) e marinheiros (sobrevivência em água gelada e testagem da potabilidade da água do mar) alemães.

O que vem chamar atenção nesses casos, além da crueldade das experimentações, era a particular condição das VP, a saber, condenados à morte ou cativos de campos de concentração, os quais, nas palavras do autor, figuravam como os excluídos "da comunidade política". Indivíduos que viviam uma espécie de limbo existencial, "privados de quase todos os direitos e expectativas que costumamos atribuir à existência humana e, todavia, biologicamente ainda vivos".[138]

---

[138]Ricardo Goldenberg, *Política e psicanálise*, p. 155.

Curioso é que algo de particular podia lhes ocorrer na sequência à participação nos experimentos, no decorrer dos quais eram abandonados às mais variadas formas de horror. Ou morriam como efeito da própria insalubridade do procedimento (acontecimento já esperado) ou, o que é mais curioso, tendo sobrevivido, podiam ser restituídos à vida social e política como uma espécie de "paga" pela experiência (através de graça ou indulto de pena). Digno de nota, portanto, é que as cobaias humanas, depois de submetidas às determinações do poder soberano e uma vez sobreviventes — tal qual um rito de expiação e purificação — deixavam a condição de meros viventes para tornarem-se humanos.

Tomando como base a concepção corrente de que para usuário de crack — especialmente os da cracolândia — "apenas internação" — e prolongada[139] — "resolve",

---

[139] A um olhar mais detido podemos, na verdade, remeter os primórdios dessa prática ao esquema de quarentena do fim da época medieval, apenas aperfeiçoado pela medicina urbana do século XVIII. No capítulo sobre o "Nascimento da medicina social", Foucault apresenta duas modalidades de organização médica inspiradas na quarentena. A primeira delas, suscitada pela lepra, comportava a marca da exclusão. Desde a Idade Média, o leproso era apartado do território da cidade, transportado para fora de seus domínios e exilado, como forma de purificação do espaço comunitário. O doente, bode expiatório, seguia longe dos demais convivas numa ação médica de acento religioso. Já a peste obrigou outro tipo de medida. Diferentemente da expulsão a uma "região negra e confusa", os indivíduos eram distribuídos no interior da cidade, individualizados, isolados e vigiados um a um para que regularmente se verificasse quem estava vivo ou morto. Todos os acontecimentos eram minuciosamente centralizados e registrados num tipo de avaliação de caráter eminentemente militar.
Contudo, vale destacar que existem situações clínicas demasiadamente críticas que podem vir a demandar o recurso da internação. A internação pode figurar como uma medida protetiva necessária e muito indicada para determinados "casos" e momentos do circuito de consumo. A ideia é que ela seja um dispositivo que permita que certas potencialidades sejam exploradas — a chance de um "respiro" no interior de um espaço protegido oportunizando o resta-

belecimento físico, uma inaugural reestruturação subjetiva, o espaço para a fala, a escuta qualificada e o compartilhamento coletivo de experiências. Mas necessita ser breve, fazendo as vezes de um trampolim para a vida que segue no lado de fora. Portanto, internação não é salvação, depósito, lixão, prisão, tampouco lugar de conversão religiosa. Para que venha a ser uma experiência significativa, esse recurso deve ser criteriosamente acionado e conduzido. Gosto sempre de ter como referência o que Denis Petuco fala a respeito da decisão pela internação por parte do profissional de saúde. Quando acontece, ela não ocorre sem um tanto de desconcerto e desconforto, juntamente com a sensação de que talvez ainda desse para tentar mais alguma coisa antes. Certamente o recurso da internação ganha força — no caso do usuário de crack — em face de um imaginário que situa o sujeito com o crack como alguém "inabordável", impossível de ser sensibilizado, de acionar serviço e dispensar um cuidado para si. Ele seria um indivíduo zumbi, desumanizado. Daí decorre, em parte, a força da opção pela abstinência (muitas vezes só obtida pela via da internação) como *modus operandi* de se lidar com a situação. É claro que não se trata de romancear a relação com o crack. Há reconhecidamente situações de crise, de alta vulnerabilidade, que pedem um cuidado bastante intensivo, inclusive uma internação. Mas tem de ser no caso a caso, e não como medida padrão, alimentando-se a crença falseada de que "usuário de crack só responde via internação".

A política de redução de danos sugere que é possível se aproximar, produzir efeitos, construir vínculos, afetar os usuários (inclusive nos espaços de consumo a céu aberto, onde reina a concepção de uma espécie de território "viciado", supostamente atravessado exclusivamente pelo uso de drogas, inexistindo a chance de ocorrência de outros agenciamentos). Uso de droga não é incompatível com o cuidado. Nesse sentido, a abstinência deixa de ser precondição para que se inicie ou empreenda o sistema de acolhida. Há uma forma de olhar para a saúde que não visa à droga, mas ao sujeito, o qual participa ativamente do processo. Trata-se de um trabalho sob medida, que opera na minúcia, na filigrana. No decurso da intervenção, procura-se dilatar o tempo de intervalo entre os momentos de consumo para então fazer caber outras experimentações, outros investimentos afetivos e relacionais. Isso pode levar tempo. O que se pretende, em linhas gerais, é operar um deslizamento, um reposicionamento gradual diante do uso, onde a droga deixa de ter um lugar central e desloca-se para a periferia. Não é raro que mesmo numa trajetória de tratamento em que valiosas conquistas sejam obtidas a droga não saia inteiramente do horizonte de possibilidade do sujeito. Tonnellier refere-se justamente ao ponto a partir do qual o sujeito se desloca da condição de toxicômano, sem de todo abrir mão do recurso à droga. "Chega um momento em que o toxicômano não o é mais. [...] Se fala no uso é com um discurso fundamentalmente diferente do primeiro discurso mantido. [...] O desafio e a tentativa de controle da morte já não estão em voga. O aspecto lúdico está ausente e a transgressão está em outro lugar: trata-se de um usuário de drogas." (H. Tonnellier, "A saída", p. 111).

tendemos a aproximar a ideia da internação a um verdadeiro ritual de expiação. Tudo se passa como se apenas a partir dessa experiência de purificação (não é à toa que muitos se utilizam do termo desintoxicação) os usuários possam aos olhos do Estado e da sociedade expurgar o lugar de meros viventes e acederem a algum tipo de patamar político e subjetivo mais qualificado.

Jessé Souza, em seu *A ralé brasileira: quem é e como vive*, trabalha a ideia de uma importante interferência das instituições sociais — especialmente mercado e Estado — no comando de nossas atitudes e vida cotidiana, sem que necessariamente possamos nos dar conta disso. Para ele, os aprendizados sociais são atravessados pelas necessidades dessas instituições. Mercado e Estado investem em determinados modos de subjetivação, moralidade e comportamento e desqualificam outros, reduzindo-os a meras figuras pré-desenvolvidas, marginais.

De acordo com Souza, é mais do que urgente identificarmos os valores, ou melhor, a hierarquia de valores que comanda a vida de cada um de nós e que interfere na relação com os outros. Para isso vai buscar os dois maiores baluartes de que dispomos em nossa coletividade. O primeiro deles é o trabalho produtivo e útil, virtude e obrigação de todo cidadão e fonte de valorização e reconhecimento social. O segundo é o expressivismo. O expressivismo sugere que cada pessoa deve ter, além de "voz própria", a capacidade de imprimir à vida seu estilo pessoal, sob pena de amargar uma existência não espontânea. Vale dizer que os modos de vida massificados ofertados pela indústria cultural como existências "sob medida" — e que demandam capital financeiro para serem adquiridos — são os que sustentam a promessa de realização do expressivismo.

"A originalidade expressiva juntamente com a dignidade do trabalho são as fontes objetivas de todo reconhecimento social e de toda possibilidade de autoestima modernamente produzidos." A compreensão dessa matriz moral do mundo moderno redunda em uma melhor compreensão do Brasil.

Segundo o autor, o Brasil não pode ser pensado isoladamente das demais sociedades modernas, sociedades por sua vez marcadas pela exclusão. O trabalho produtivo e útil como fonte de reconhecimento e legitimação pessoal e coletiva na modernidade deixa em aberto um enorme impasse, pois "como ficam aquelas sociedades que não lograram universalizar os pressupostos para o trabalho produtivo e útil para todas as classes?".

Em vez de nos autointitularmos como a grande nação ("juntos num só ritmo", slogan da Copa do Mundo de 2014), principalmente do ponto de vista do crescimento econômico, é mais do que urgente nos perguntarmos o que nos separa daquelas sociedades que conseguiram aliar de forma significativa igualdade social (universalização das condições de acesso ao trabalho útil e digno) e liberdade individual (que não se confunde com mero consumo), desafios de toda sociedade moderna.

Somente ao preço da explicitação e do reconhecimento dos dispositivos morais que orientam nossas ações é que podemos compreender a separação, a fissura empreendida por Estado e mercado entre os que nasceram para o sucesso e os predestinados à "sarjeta", os membros da ralé brasileira.

> Na sociedade meritocrática pós-reforma [da ajuda social], essas identidades que marcam a competência e a incompetência tornaram-se a base da estratificação e ofuscam as velhas diferenças de classe. [...] As pessoas são designadas como "ricas" se porventura têm maneiras convenientes e responsáveis e "pobres" no caso contrário. Nenhuma reforma estrutural da sociedade pode alterar essas identidades, pois na nova política atual é a personalidade, e não a renda ou a classe, que representa a qualidade determinante de uma pessoa. A grande fratura de nossa sociedade é aquela que separa não os ricos dos menos ricos, mas os que são capazes e os que não são capazes de serem responsáveis por si mesmos.[140]

Segundo Souza, a ideologia da meritocracia que atribui como justa a desigualdade deslocada para o plano individual mascara "o segredo mais bem guardado do mundo moderno". O autor refere-se às noções de capital econômico e cultural. Tendo em vista que o capital econômico se transfere de mão em mão por vínculos de sangue, é o capital cultural — acesso e possibilidade de incorporar conhecimento útil que garanta a reprodução de Estado e mercado — que delimita a divisão entre sucesso e fracasso social para todos os indivíduos e todas as classes sociais "em luta pelos recursos escassos, materiais e ideais desse tipo de sociedade". Estamos falando, portanto, das chances de conquista efetiva de renda e bons salários, bem como o prestígio vinculado.

Contudo, a incorporação de conhecimento útil exige uma "economia emocional" peculiar, uma herança afetiva

---

[140]Lawrence Mead, *apud* Loïc Wacquant, *As prisões da miséria*, p. 57.

que se traduz em pressupostos emocionais e morais que precisam ter sido aprendidos, transmitidos de pais para filhos. Sucesso e fracasso dependem do acesso a essas possibilidades de incorporação ou não.

Na meritocracia, as precondições (conhecimento útil e possibilidade de *in-corporação* afetiva) desigualmente distribuídas entre as classes — e que tornam o mérito possível — não são colocadas em questão. Para o autor, qualquer sociedade existente, incluindo o Brasil, falha em promover a universalização das condições que conduzem à igualdade social e à liberdade de ação expressiva, engendrando indivíduos diferencialmente aparelhados para a competição social.

> O processo de modernização brasileiro constitui não apenas as novas classes sociais modernas que se apropriam diferencialmente dos capitais cultural e econômico. Ele constitui também uma classe inteira de indivíduos, não só sem capital cultural nem econômico em qualquer medida significativa, mas desprovida, esse é o aspecto fundamental, das precondições sociais, morais e culturais que permitem essa apropriação. É essa classe social que designamos de ralé estrutural, não para ofender essas pessoas já tão sofridas e humilhadas, mas para chamar a atenção, provocativamente, para nosso maior conflito social e político, consentido por toda a sociedade, de toda uma classe de indivíduos precarizados que se reproduz há gerações enquanto tal.[141]

A ralé brasileira sucumbe às exigências de um mercado cada vez mais competitivo. Diferentemente do "lumpem-

---

[141] Jessé Souza, *A ralé brasileira: quem é e como vive*, p. 21.

proletariado", que podia funcionar como mão de obra reciclável, como "exército de reserva", a ralé brasileira em situação de subemprego está sempre a um passo da delinquência e do abandono.

O que são os craqueiros das ruas senão membros cativos da ralé brasileira já com os dois pés no abandono? Ralé condenada a ser apenas corpo. Mero corpo, mera vida, vivendo na invisibilidade ou numa visibilidade precária obtida ao preço do espetáculo audiovisual e eleitoreiro em torno do "pavor" do crack.[142]

---

[142]Pensando na droga enquanto efeito de uma produção discursiva, o crack no discurso se apresenta como "substância da morte", "flagelo", "chaga social". Essa forma de enunciação encontra-se bastante alinhada às artimanhas do meio audiovisual, cuja lógica é administrar a notícia tal como se administra uma injeção multissensorial, de modo a causar sensação. Frente a nosso aparelho perceptivo ultrassaturado, parte-se do princípio de que apenas o que causa intensa sensação ou um verdadeiro choque sensorial é percebido. Pois bem, qual sensação cumpre perfeitamente a função de choque sensorial? O pavor. Sensação primitiva da ordem de uma excitação indizível, o pavor carrega um duplo: ele é força repulsiva (o que permite a gestão dessa repulsa), ao mesmo tempo que atrai e fascina, inspirando veneração. Ambiguidade típica da relação com o mistério e com que é da ordem do sagrado (Christoph Türcke, *Sociedade excitada: filosofia da sensação*, pp.135, 136). O discurso do crack é o discurso do pavor. Vale dizer que o efeito do discurso da droga traz pontos de concordância com o próprio efeito da droga, já que "quem é presa do pavor violento fica fora de si, [...] fora de qualquer controle" (Ibidem, p. 148). Eis aí o estado de êxtase. Onde reside o arrebatamento, a pura sensação, não há reflexão. O espectador-consumidor do discurso da droga encontra-se, dessa maneira, impedido de pensar, tal como ocorre com o toxicômano invadido pela fissura. Ainda tomando como referência o pensamento de Türcke, o consumo de crack equipara-se a um empreendimento de autossacrifício. O sacrifício é ato circular, que "tem de ser sempre novamente consumado" e que vem apaziguar algo pavoroso enquanto ele próprio também o é. O sacrifício "quer remover algo do mundo, mas o rememora constantemente" (Ibidem, p. 139). Para o usuário de crack — ele mesmo alçado à oferta sacrificial através da entrega de seu corpo ao circuito de consumo ininterrupto —, o sacrifício acena como tentativa de eliminar ou, ao menos, apaziguar o pavor de uma existência inquietante. Mas, enquanto ritual de desmonte físico e psíquico, o lança de volta e com mais contundência ao insuportável.

SOCIEDADE FISSURADA

É apenas porque nós brasileiros permitimos a reprodução continuada de uma classe condenada a ser "corpo" sem alma ou mente (ou seja, uma forma de indivíduo racional aproveitável econômica e politicamente) que podemos também temê-la e persegui-la cotidianamente como delinquentes ou delinquentes potenciais. É apenas por serem percebidos como meros corpos, numa sociedade que valoriza a disciplina e o autocontrole acima de tudo, é que essa classe desprezada é vista como tendencialmente perigosa e como assunto de "polícia", e não da "política".[143]

A "lida" com o usuário de crack em situação de rua segue a lógica da ralé. Visa ao corpo. No início do ano de 2012, o que se viu na cracolândia paulistana foi uma ação militar dirigida ao consumidor da droga enquanto corpo. Corpo que não raro era golpeado, detido, deslocado de um lado para outro, sem destino certo. A ideia principal foi "vencer pelo cansaço", cansaço do corpo. Não é incomum que na saúde ao que ainda se vise seja também o corpo, mero corpo a ser desintoxicado. Afastamento do corpo do raio de ação da droga.[144]

---

[143] Jessé Souza, *A ralé brasileira: quem é e como vive*, p. 122.
[144] Já em 1898 Freud refutava a condução do tratamento pela via da simples eliminação da droga: "Esta observação pode ser aplicada também às demais curas de abstinência, cujos resultados positivos continuarão sendo aparentes e efêmeros enquanto o médico se limitar a tirar do doente o narcótico, sem preocupar-se com a fonte da qual surge a necessidade imperativa do mesmo. O 'hábito' não é nada mais do que uma expressão descritiva, sem valor explicativo algum." (Sigmund Freud, *La sexualidad en la etiología de las neurosis*, p. 324).

Sociedade fissurada

Souza recorre a Foucault para falar da política moderna como um "conjunto de práticas sociais e institucionais", que se propagam e se reafirmam através de "consensos sociais inarticulados", os quais jamais são reconhecidos como tais. São esses consensos que comandam a nossa vida e estão na base da compreensão de por que algumas sociedades são mais justas do que outras. Para Souza, existe um consenso implícito que atravessa toda a sociedade brasileira — onde reside sua grande fissura — e que "diz que é normal e natural que a nossa sociedade seja dividida entre gente e subgente".[145]

A sociedade fissurada padece, portanto, de uma "ruptura imedicável", sustentada pela separação entre os capazes e os incapazes, entre gente e subgente.

Para concluir, recorro ao conceito de "povo" para relacioná-lo à nossa sociedade fissurada. A noção designa

---
[145] Jessé Souza, *A ralé brasileira: quem é e como vive*, p. 422.

ao mesmo tempo a soberania do sujeito político e a classe excluída da política (se pensarmos no povo enquanto "Zé povinho", ralé, deserdados). Sua dupla acepção — nada fortuita — indica exatamente a natureza e a função dessa noção na política ocidental.

Longe de ser um conceito unitário, "povo" comporta dois pedaços que se contrapõem: de um lado, o conjunto Povo como corpo político integral, de outro, o subconjunto povo como "multiplicidade fragmentária de corpos carentes e excluídos". O primeiro pedaço supõe uma inclusão linear, integrada, não ruidosa ou conflitante. O segundo é reservado aos extranumerários, à escória.

Seu duplo e oscilante movimento vem nos revelar que a designação "povo" carrega uma fissura originária, "uma guerra civil incessante que o divide mais radicalmente do que qualquer conflito e, ao mesmo tempo, o mantém unido e o constitui mais solidamente do que qualquer outra identidade".[146]

A luta intestina[147] entre os dois "povos" é ainda mais demarcada na contemporaneidade. Contemporaneidade essa que cria necessariamente em seu interior a vida nua, mas cuja presença torna-se escandalosa e é sentida como uma terrível sombra que não se pode tolerar. A obscura tentativa sociopolítica que se opera constantemente é a da colagem dessa fissura biopolítica original no sentido de que "onde exista vida nua, um Povo deverá existir". Ou

---

[146]Giorgio Agamben, *Homo sacer: o poder soberano e a vida nua*, p. 174.
[147]Para Marx, a chamada luta de classes só terá fim quando na sociedade sem classes "Povo e povo coincidirão e não haverá mais, propriamente, povo algum".

seja, o projeto democrático-capitalista de unificação e homogeneização, de consolidação da célula Povo, se realiza às expensas da eliminação da vida nua (do Zé povinho).

> Nesta perspectiva o nosso tempo nada mais é que a tentativa — implacável e metódica — de preencher a fissura que divide o povo, eliminando radicalmente o povo dos excluídos. Essa tentativa mancomuna, segundo modalidades e horizontes diversos, direita e esquerda, países capitalistas e países socialistas, unidos no projeto — em última análise vão, mas que se realizou parcialmente em todos os países industrializados — de produzir um povo uno e indiviso. A obsessão do desenvolvimento é tão eficaz, em nosso tempo, porque coincide com o projeto biopolítico de produzir um povo sem fratura.[148]

A colagem que forja o Povo uno e indiviso ao preço da aniquilação do Outro pestilento e indesejável é o grande mote biopolítico de nossa época.

Resta então a questão:

> Uma cidade *(e uma sociedade)* que pretende ter atingido a homogeneização só pode menosprezar o Outro. Mas o que seria uma sociedade que nega a alteridade, senão uma horda tão mais feroz, tão mais melancólica quanto mais está disfarçada, maquiada e travestida numa série de instituições decadentes à força de exclamar um discurso consensual?[149]

---

[148] Giorgio Agamben, *Homo sacer: o poder soberano e a vida nua*, p. 174.
[149] Jacques Hassoun, *A crueldade melancólica*, p. 36.

Referências

AGAMBEN, Giorgio. *Homo sacer*: o poder soberano e a vida nua. Belo Horizonte: UFMG, 2010.

ALMEIDA, Maria Isabel Mendes de; EUGENIO, Fernanda. "Paisagens existenciais e alquimias pragmáticas: uma reflexão comparativa do recurso às drogas no contexto da contracultura e nas cenas eletrônicas contemporâneas". *In*: LABATE, Beatriz Cayubi *et al.* (Org.). *Drogas e cultura*: novas perspectivas. Salvador: UFBA, 2008.

BAUMAN, Zygmunt. *Vidas desperdiçadas*. Rio de Janeiro: Jorge Zahar Editor, 2005.

BENETI, Antonio. "A toxicomania não é mais o que era". *Revista eletrônica do Instituto de Psicanálise e Saúde Mental de Minas Gerais* — Almanaque Online, nº 9 — ISSN 1982-5617.

BEZERRA JR., Benilton. "O ocaso da interioridade e suas repercussões sobre a clínica". *In*: PLASTINO, Carlos Alberto (Org.). *Transgressões*. Rio de Janeiro: Contra Capa, 2002.

BIRMAN, Joel. *Arquivos do mal-estar e da resistência*. Rio de Janeiro: Civilização Brasileira, 2006.

BOURDIEU, Pierre. *O poder simbólico*. Rio de Janeiro: Bertrand Brasil, 2010.

BURGIERMAN, Denis Russo. *O fim da guerra*: a maconha e a criação de um novo sistema para lidar com as drogas. São Paulo: Leya, 2011.

CARNEIRO, Henrique. *Bebida, abstinência e temperança na história antiga e moderna*. São Paulo: Senac, 2010.

_____. *Pequena enciclopédia da história das drogas e bebidas*. Rio de Janeiro: Elsevier, 2005.

CETLIN, Gustavo Satler. "O tratamento ao usuário compulsivo de crack: fissuras no cotidiano profissional". *In:* SAPORI, Luis Flavio; MEDEIROS, Regina. (Orgs.). *Crack: um desafio social.* Belo Horizonte: PUC, 2010.

CLEGG, Bill. *Retrato de um viciado quando jovem.* São Paulo: Companhia das Letras, 2011.

EUGENIO, Fernanda. "Contemporâneo noctambulismo: ocupação urbana e fruição juvenil nas cenas eletrônicas cariocas". *Revista Nuestra América*, n°. 5, 2008.

FIORE, Maurício. "Prazer e risco: uma discussão a respeito dos saberes médicos sobre uso de 'drogas'". *In:* LABATE, Beatriz Cayubi *et al.* (Org.). *Drogas e cultura: novas perspectivas.* Salvador: UFBA, 2008.

FOUCAULT, Michel. *A ordem do discurso.* São Paulo: Loyola, 2010.

_____. *História da sexualidade I: a vontade de saber.* Rio de Janeiro: Graal, 1988.

_____. *Microfísica do poder.* Rio de Janeiro: Graal, 1979.

FREIRE COSTA, Jurandir. *O vestígio e a aura: corpo e consumismo na moral do espetáculo.* Rio de Janeiro: Garamond, 2004.

FREUD, Sigmund (1898). *La sexualidad en la etiologia de las neurosis. In:* Obras completas de Sigmund Freud. Madri: Biblioteca Nueva, 1981, v. 1.

GIDDENS, Anthony. *Mundo em descontrole.* São Paulo: Record, 2005.

GOLDENBERG, Ricardo. *Política e psicanálise.* Rio de Janeiro: Jorge Zahar Editor, 2006.

GRAMSCI, Antonio. *Americanismo e fordismo.* São Paulo: Hedra, 2008.

GURFINKEL, Décio. *Adicções: paixão e vício.* São Paulo: Casa do Psicólogo, 2011.

HASSOUN, Jacques. *A crueldade melancólica.* Rio de Janeiro: Civilização Brasileira, 2002.

LAURENT, Eric. "Post-War on Drugs? Como a psicanálise pode contribuir para o debate político sobre as drogas". *In:* LAURENT, Eric. *Loucuras, sintomas e fantasias na vida cotidiana.* Belo Horizonte: Scriptum, 2011.

LE BRETON, David. "Individualização do corpo e tecnologias contemporâneas". *In:* COUTO, Edvaldo Souza; GOELLNER, Silvana Vilodre (Orgs.). *O triunfo do corpo: polêmicas contemporâneas.* Rio de Janeiro: Vozes, 2012.

MELMAN, Charles. *Novas formas clínicas no início do terceiro milênio.* Porto Alegre: CMC, 2003.

_____. *Alcoolismo, delinquência, toxicomania: uma outra forma de gozar.* São Paulo: Escuta, 2000.

OLIEVENSTEIN, Claude. *A vida do toxicômano.* Rio de Janeiro: Jorge Zahar Editor, 1983.

ORTEGA, Francisco. *O corpo incerto: corporeidade, tecnologias médicas e cultura contemporânea.* Rio de Janeiro: Garamond, 2008.

SANTIAGO, Jesus. *A droga do toxicômano: uma parceria cínica na era da ciência.* Rio de Janeiro: Jorge Zahar Editor, 2001.

SISSA, Giulia. *O prazer e o mal: filosofia da droga.* Lisboa: Instituto Piaget, 1997.

SOUZA, Jessé. *A ralé brasileira: quem é e como vive.* Belo Horizonte: UFMG, 2009.

TONNELLIER, Hubert. "A saída". *In:* OLIEVENSTEIN, Claude. *A vida do toxicômano.* Rio de Janeiro: Jorge Zahar Editor, 1983.

TÜRCKE, Christoph. *Sociedade excitada: filosofia da sensação.* Campinas: Unicamp, 2010.

VARGAS, Eduardo Viana. "Fármacos e outros objetos sociotécnicos: notas para uma genealogia das drogas". *In:* LABATE, Beatriz Cayubi *et al.* (Org.). *Drogas e cultura: novas perspectivas.* Salvador: UFBA, 2008.

WACQUANT, Loic. *As prisões da miséria.* Rio de Janeiro: Jorge Zahar Editor, 2011.

O texto deste livro foi composto em Sabon,
desenho tipográfico de Jan Tschichold de 1964
baseado nos estudos de Claude Garamond e
Jacques Sabon no século XVI, em corpo 11/15,5.
Para títulos e destaques, foi utilizada a tipografia
Frutiger, desenhada por Adrian Frutiger em 1975.

A impressão se deu sobre papel off-white
pelo Sistema Cameron da Divisão Gráfica
da Distribuidora Record.